★ 适合8至9岁 ★

多彩童年

DUOCAI TONGNIAN

主编 崔 峦

上海教育出版社
SHANGHAI EDUCATIONAL
PUBLISHING HOUSE

编委会

名家寄语

广泛阅读，可以提高阅读理解力；

广泛阅读，可以丰富知识，开阔视野；

广泛阅读，可以提升思维力、鉴赏力；

广泛阅读，可以促进人的精神成长。

新编的读本，包括古诗文经典诵读、优秀作品专题阅读和整本书阅读，是落实课内外阅读一体化的优质资源。

捧起这套读本读起来，你会越来越享受阅读，你的一生一定会因为阅读而精彩！

崔峦

用阅读滋养你们心灵，
让你变得聪明善良，胸怀宽广，更富想象力和创造力。

张抗抗

发现美，学会爱，表达自己，
在阅读和写作中不断进步！

王一梅

閱讀是開啓美好人生的鑰匙

趙麗宏

庚子九月

为自己读书
为美好读书

肖复兴

庚子夏末

读经典的书
做优秀的人

[illegible]

幻想，从现实起飞

刘兴诗

目录

经典诵读

专题阅读一

范文阅读

组文阅读

自由阅读

专题阅读二

范文阅读

组文阅读

自由阅读

整本书阅读

经典诵读

古诗文里有我们祖先的精气神，诵读经典就是积累语言、培养诗性、滋养精神的过程。

在诵读中，我们可以感受音乐般的韵律，领悟深刻精辟的哲理，体会高雅不俗的情趣……同学们，让我们一起诵读这些古诗文，看看你了解了哪些传统节日文化，又品味出怎样的智慧与情思。

扫码收听朗诵音频

1 蜀中九日[1]

［唐］王勃

九月九日望乡台[2]，

他席他乡[3]送客杯。

人情[4]已厌南中[5]苦，

鸿雁那[6]从北地来。

注释

①蜀中九日：一作“九日登高”。
②望乡台：诗人远在异地，登高眺望故乡之处。
③他席他乡：在他乡作客，此处指剑南，今四川成都。
④人情：一作“人今”。
⑤南中：诗人的家乡在成都的北面，因此称剑南为南中。
⑥那：为何。

译文

在重阳节这天登高眺望故乡，设席送朋友离开，举杯之际分外烦忧。心中已经厌倦了客居南方的各种愁苦，我想北归不得，鸿雁为何还要从北方飞来？

扫码收听朗诵音频

② 正月十五夜灯

［唐］张祜

千门开锁万灯明，
正月中旬动帝京。
三百①内人②连袖舞，
一时天上著词声③。

注释

① 三百：形容多，非实指。
② 内人：指宫女。
③ 著词声：响起了乐舞的回声。

元宵佳节，皇宫内亮起无数花灯，好像整个京城都震动了。无数宫女尽情地跳舞，歌声直冲云霄，传到了天上。

扫码收听朗诵音频

③ 九月十日即事①

［唐］李白

昨日登高②罢，

今朝更③举觞④。

菊花何太苦，

遭此两重阳⑤？

注释

① 即事：以眼前事物为题材之诗。

② 登高：古时重阳节有登高的习俗。

③ 更：再。

④ 举觞：举杯。觞，古代一种盛酒的器具。

⑤ 两重阳：古时重阳节有采菊宴赏的习俗。重阳后一日宴赏，称为小重阳。

译文

昨天刚登完山，今天我们又在这里举杯宴饮。菊花为何如此受苦，遭受两个重阳的采折之罪？

扫码收听朗诵音频

4 中秋月

[宋]晏殊

一轮[1]霜影转庭梧，

此夕羁人[2]独向隅[3]。

未必素娥[4]无怅恨，

玉蟾清冷桂花孤。

注释

① 一轮：一作“十轮”。
② 羁人：客居异乡的人。
③ 向隅：面对着角落，这里是孤独寡欢之意。
④ 素娥：指嫦娥。

译文

月光下梧桐树影随着时间推移，不知不觉地移动着，在这团圆夜，只有旅人独自面对着角落。月宫中的嫦娥现在也未尝不感遗憾吧，陪伴她的，毕竟只有那清冷的玉蟾和孤寂的桂树。

扫码收听朗诵音频

⑤ 幼学琼林（节选）

［明］程登吉

爆竹一声除旧，桃符[①]万户更新。

履端[②]，是初一元旦；人日[③]，是初七灵辰。

端阳竞渡，吊屈原之溺水；

重九登高[④]，效桓景之避灾。

注释

① 桃符：挂在门上用来辟邪的桃木板。

② 履端：开端。

③ 人日：农历正月初七。相传古代正月初一为鸡日，初二为狗日，初三为猪日，初四为羊日，初五为牛日，初六为马日，初七为人日。

④ 重九登高：相传汝南人桓景，随费长房游学。费长房告诉他：“九月九日，你家中有难，你赶快回去，告诉家人做一个袋子装上茱萸，系在手臂上，登上高处，喝菊花酒，就可以消去灾祸。”桓景听从了他的话。等到桓景晚上回到家时，发现家中的鸡、狗、牛、羊全都死了。以后重九登高成为风俗。

爆竹声告别了过去的一年，新的一年来临了；千家万户挂在门上的桃符都换成了新的，以迎接新的一年。

正月初一是元旦，称为履端；正月初七是人日，称作灵辰。

端午节龙舟竞渡，以悼念溺水而亡的屈原；

重阳节登高山插茱萸饮酒，是效法桓景避灾的故事。

扫码收听朗诵音频

⑥ 增广贤文（节选）

使口不如自走，求人不如求己。

若争小可①，便失大道。

一毫之恶，劝人莫作。

一毫之善，与人方便。

注释

① 小可：寻常，一般，这里指小是非。

译文

用嘴指使别人做不如亲力亲为，求别人不如求自己。

在一些小事上斤斤计较，便会失去更大的东西。

即使是最小的坏事，也要劝人不要做。任何与人有利的好事，都要尽力去做。

走进优秀传统文化

中华民族优秀传统文化博大精深，源远流长。时至今日，我们依然可以从中汲取智慧和精神力量。

让我们一起打开优秀传统文化厚厚的书卷：从古诗文中，感受古代人民社会生活的多彩画面；从传统节日的风俗习惯中，体会节日丰富的文化内涵；从四大发明中，了解中国劳动人民的智慧……在阅读一篇篇精彩文章时，请你用心体会文章是怎样围绕一个意思把一段话写清楚的。

范文阅读

1 寒　食[1]

［唐］孟云卿

本诗以乐景写哀情，借咏“寒食”写出了“寒士”的辛酸，却并不在“贫”字上大做文章，构思巧妙，亦庄亦谐，细细读来耐人寻味。

二月江南花满枝，
他乡寒食远[2]堪悲。
贫居往往无烟火，
不独明朝[3]为子推[4]。

注释

① 寒食：寒食节，我国传统节日，在清明节前一二日。有禁烟火、吃冷食、祭扫、踏青、秋千、蹴鞠、牵勾、斗鸡等风俗。寒食节曾被称为中国民间第一大祭日。

② 远：更。

③ 明朝：明日。

④ 子推：即介子推。介子推帮助公子重耳当上了晋国国君（史称晋文公），重耳回国后赏赐随从臣属，介子推不愿为官，隐于山林。晋文公数次派人相请，介子推不出。据说晋文公听从别人主意，纵火烧山，想将子推逼出，不料子推竟抱木焚死而不肯出来。晋文公又悲又悔，遂将这一日定为寒食节，每逢此日便断火吃冷食，以纪念介子推。

江南的二月，正是繁花盛开的时节，花儿朵朵开满枝头，而我却独自一人远在他乡，偏又遇上了寒食节，内心感到无限的悲凉。贫困的生活往往三餐不继，炉灶也不见烟火，这不仅仅是为了明天纪念古代的寒士介子推才吃这样的冷食啊！

阅读链接

作者孟云卿在天宝年间曾参加过科举考试，但没有考中，考场失意之后，曾经滞留在荆州一带，过着极为贫苦的生活。这首诗就是作者在艰难漂泊中创作的。本诗构思巧妙，语言平实，是众多寒食主题诗词中难得的佳作。

② 端午即事

[宋] 文天祥

德祐二年（1276），文天祥出使元军被扣，在镇江逃脱后，又一度被谣言所诬陷。为了表明心志，他愤然写下了这首《端午即事》。

五月五日午①，赠我一枝艾②。
故人不可见，新知万里外。
丹心照夙（sù）昔③，鬓发日已改。
我欲从灵均④，三湘⑤隔辽海。

注释

① 五月五日午：即端午节。农历以地支纪月，五月为午，因此称五月为午月。端是“开端”“初”的意思，故初五又名端五。“五”与“午”通，故端五即端午，五月初五又称为重午。“五”又为阳数，故端午又名端阳。
② 艾：端午节家家门口插菖蒲和艾草，有驱虫辟邪之意。
③ 夙昔：往日。
④ 灵均：这里指屈原，灵均是屈原的字。
⑤ 三湘：一说漓湘、潇湘、蒸湘，总名“三湘”。近代一般用作湘东、湘西、湘南三地区的总称，泛指湖南全省。

译文

五月五日的端午节，你赠予了我一枝艾草。故去的友人已看不见，新结交的知己又在万里之外。往日一心只想为国尽忠的人，现在已经白发苍苍。我想要从屈原那里得到希望，但三湘被辽海阻隔太过遥远。

③ 上元竹枝词

［清］符曾

桂花香馅裹胡桃，
江米①如珠井水淘。
见说马家滴粉②好，
试灯③风里卖元宵。

正月十五元宵节，有吃元宵的习俗。

注释

① 江米：糯米。
② 滴粉：形容元宵的色泽，这里指滴粉汤圆。
③ 试灯：旧俗农历正月十五元宵节晚上张灯结彩以祈求丰年，未到元宵节而张灯预赏称为试灯。

译文

香甜的桂花馅料里裹着核桃仁，用井水淘洗后，江米像珍珠一样。听说马家的滴粉汤圆做得好，元宵节试灯时，就在风里卖元宵了。

4 书籍的变迁[①]

项弋平

史前时期没有文字，我们的祖先是用结绳记事的。原始社会末期，才逐渐出现了文字。

书籍是伴随着文字的发展而演变的。

到了3000多年前的商朝，有了最早的记载文字的实物——甲骨。甲，就是龟的腹甲、背甲；骨，就是牛的肩胛骨。当时，把象形文字刻在甲骨上面，主要用以占卜，记载战争、打猎、求雨等事情。除了甲骨文的“书”，还有商周时期刻或铸在青铜器上的“书”——金文，刻在石鼓上的“书”——石鼓文。

这里的“书”，是最早的、相当于书籍功能的实物，但还不是真正的“书”，所以“书”上加了引号。

我国古代正式的书是用竹片和木片做的简书，使用的时代大概是战国至魏晋时期，就是把木或竹劈成薄片，在上

① 选入本书时略有删改。

面写字，木制的叫木简，竹制的叫竹简。若干简编缀在一起叫作册，每一册书需要很多的简。因此，这样的书很笨重。据说秦始皇每天批阅的简牍(dú)文书重达120斤。西汉时，东方朔写了一篇文章给汉武帝，共用竹简3000片，要由两个身强力壮的武士吃力地抬进皇宫。

后来，人们把字写在丝织品上面，叫帛书，可以卷起来。帛书出现在中国古代造纸术发明以前，现存最早的是战国时期的一件楚帛书。

西汉时期，人们用麻来造纸，但麻纸粗糙不便于书写。到了东汉，蔡伦改良了造纸技术，发明了一种既轻巧又便宜的纸。造纸术的发明，是我国对世界文化的一大贡献。用纸做的书轻便，方便阅读和携带。

用线装订的书，是在印刷术发明以后才出现的。雕版印刷的书大约出现在公元6到8世纪，现存最早的雕版印

在书籍发展史上，造纸术和印刷术的发明，是两个里程碑，标志着使用材料和记载文字方式发生了质的变化。造纸术的发明，改变了书写材料笨重的形态；印刷术的发明和发展又使书籍得以大量发行，便于使用和保存。

刷的书，是公元868年唐代刻印的《金刚经》。到了宋仁宗庆历年间（1041—1048），毕昇发明了活字印刷术。毕昇的发明比德国人谷登堡发明的铅活字印刷术大约早400年。宋代时印刷术逐渐发展起来，当时刊印的书流传至今的有600多种。

到了近代，又有了石印的书。到了现代，主要是铅印的书。由于印刷技术的突飞猛进，印刷的质量和速度都大大提高了，远非过去的雕版印刷可比。

现在，我国已经实现了图书资料储存的电子化，一台计算机就能储存图书资料数百万册甚至上千万册，同时，通过网络还能把全国图书资料连成一片，图书资料的储存和使用变得更加简单方便。

⑤ 蔡伦与造纸术

管成学

开头点明蔡伦的功绩，下文将围绕他所做出的历史贡献展开说明。

虽然造纸的技术不始于蔡伦，但是，蔡伦对改进造纸的功绩是不能抹杀的。

蔡伦是东汉桂阳（郡治今湖南耒阳）人。蔡伦家境贫寒，从小入宫当太监，初任小黄门，后升中常侍，参与国家机要大事的磋商，深得皇帝信任。

他在任尚方令时，监造刀剑和宫廷玩物。他总结前人经验，带领工匠们研究磋商，经多次实验，终于用麻头、树皮、破布、渔网等为原料，将其切断、剪碎，放在水中浸泡，然后捣成浆状，经过蒸煮，在竹席上摊成薄片，晒干之后，就成了体轻质薄的植物纤维纸。

汉和帝元兴元年（105），蔡伦将植物纤维纸献给皇帝，皇帝表彰他的功绩，并通令全国仿制蔡伦的纸，将其称为“蔡侯纸”。

蔡伦造纸之功，历来受到人们的敬仰。他的家乡，到唐代还保留他的旧居，旧居前有一南池，池边有一石臼(jiù)，相传是蔡伦造纸时捣碎造纸原料所用。唐代官吏李悬特地将石臼送往长安，献给皇帝，作为珍贵的文物保存起来，可见人们对蔡伦的怀念。蔡伦的家乡至今还有供奉他的庙宇。就连日本造纸工人，早期也供奉他为祖师，科学的福荫遍及全世界。

造纸术为人类的生活以及社会的发展带来了巨大的变化，加快了人类文明的进步。

6 中国石拱桥（节选）

茅以升

石拱桥的桥洞成弧形，就像虹。古代神话里说，雨后彩虹是“人间天上的桥”，通过彩虹就能上天。我国的诗人爱把拱桥比作虹，说拱桥是“卧虹”“飞虹”，把水上拱桥形容为“长虹卧波”。

这句话形象生动地写出了石拱桥的形状。后面两句是围绕“虹”来写的，写了“虹”的寓意和石拱桥的别称。

石拱桥在世界桥梁史上出现得比较早。这种桥不但形式优美，而且结构坚固，能几十年几百年甚至上千年雄跨在江河之上，在交通方面发挥作用。

我国的石拱桥有悠久的历史。《水经注》里提到的“旅人桥”，大约建成于公元 282 年，可能是有记载的最早的石拱桥了。我国的石拱桥几乎到处都有。这些桥大小不一，形式多样，有许多是惊人的杰作。其中最著名的当推河北省赵县的赵州桥，还有北京丰台区的卢沟桥。

赵州桥横跨在洨(xiáo)河上，是世界著名的古代石拱桥，也是造成后一直使用到现在的最古的石桥。这座桥修建于公元605年左右，到今天已经1300多年了，还保持着原来的雄姿。到中华人民共和国成立的时候，桥身有些残损了，在人民政府的领导下，经过彻底整修，这座古桥又恢复了青春。

赵州桥非常雄伟，全长50.82米，两端宽约9.6米，中部略窄，宽约9米。桥的设计完全合乎科学原理，施工技术更是巧妙绝伦。唐朝的张嘉贞说它"制造奇特，人不知其所以为"。这座桥的特点是：（一）全桥只有一个大拱，长达37.4米，在当时可算是世界上最长的石拱。桥洞不是普通半圆形，而是像一张弓，因而大拱上面的道路没有陡坡，便于车马上下。（二）大拱的两肩上各有两个小拱。这个创造性的设计，不但

为了说明赵州桥设计和施工技术的巧妙绝伦，作者不仅引用了古人的话，还分条详细地介绍了这座桥的四个特点，并在文章中列数字加以说明。

节约了石料，减轻了桥身的重量，而且在河水暴涨的时候，还可以增加桥洞的过水量，减轻洪水对桥身的冲击。同时，拱上加拱，桥身也更美观。（三）大拱由28道拱圈拼成，就像这么多同样形状的弓合拢在一起，做成一个弧形的桥洞。每道拱圈都能独立支撑上面的重量，一道坏了，其他各道不致受到影响。（四）全桥结构匀称，和四周景色配合得十分和谐；就连桥上的石栏石板也雕刻得古朴美观。

为什么我国的石拱桥会有这样光辉的成就呢？首先，在于我国劳动人民的勤劳和智慧。他们制作石料的工艺极其精巧，能把石料切成整块大石碑，又能把石块雕刻成各种形象。在建筑技术上有很多创造，在起重吊装方面更有意想不到的办法。如福建漳州的江东桥，修建于800年前，那座桥有的石梁一块就有200吨重，究竟是怎样安装上去的，

作者运用表示先后顺序的词语“首先”“其次”“再次”，清楚、有序地说明了“为什么我国的石拱桥会有这样光辉的成就”。

至今还不完全知道。其次，我国石拱桥的设计施工有优良传统，建成的桥，用料省，结构巧，强度高。再次，我国富有建筑用的各种石料，便于就地取材，这也为修造石桥提供了有利条件。

阅读链接

赵州桥有“天下第一桥”的美誉，历经千年沧桑，经历数次地震，仍安然无恙。1991年，赵州桥被美国土木工程师学会认定为“国际土木工程历史古迹”，这标志着赵州桥与法国埃菲尔铁塔、巴拿马运河、埃及金字塔等世界著名历史古迹齐名。

7 桥梁远景图（节选）

茅以升

少年朋友们，你们都该听过牛郎织女的神话吧。牛郎和织女原是天上的两颗星，据说他俩都是神仙，每年在“天河”上的“鹊桥”相会一次。这“鹊桥”就是喜鹊搭的一座桥，它们真是杰出的桥梁工程师——你们想想看，这天河该有多宽啊！同时也可见桥梁的重要，虽是神仙，也还需要桥。

桥是什么？不过是一条板凳。两条腿架着一块板，板上就可承担重量。把这板凳放大，“跨”过一条河，或是一个山谷，那就形成一座桥。在这里，板凳的腿就是“桥墩”，桥墩下面，伸入土中的“脚”，就是“基础”，板凳的板就是“桥梁”。一座桥就是由这三部

作者用一个问句引出下文，然后结合生活经验，运用生动形象的比喻，介绍了桥的形象、功能、构造，既清楚又有趣。

分构成的。桥上的车辆行人，靠桥梁承载；桥梁的重量，靠桥墩顶托；桥墩的压力，通过基础，下达土中或石层。所有桥面上的重量及负担，最后都落到土中或石层。

围绕画线句，文章分别从将来的桥一定“造得又快又好”“造得很便宜”“造得很美”“造得很小很轻便”四个方面描绘了自己的“远景图”。

现在就让我来作为幻想家，为将来的桥梁，绘出一幅“远景图”吧！有人说将来飞机多得不得了，人人都可在天上飞，还要什么火车、汽车，更不需要桥梁了。我想不见得。飞机的速度虽无止境，但地球还只这么大，而且人口也在增多，将来人们全都坐飞机上了天，挤来挤去，还能飞得快吗？这就不能不发挥陆上交通和水上交通的潜力了，因而桥梁还是少不了的。不过，那时的桥梁就不是今天的样子了。

将来的桥梁一定造得又快又好，像南京长江大桥那样大的桥，几个月就可以完成了。那时所有建桥的材料，都可在工厂里通过自动化，预先制成“标准构件”；造桥时，在水里把它们拼装成为桥墩；在桥墩上把它们架设成为桥梁，一口气作业，几乎是才听说造桥，就看见“一桥飞架”了！

将来的桥一定造得很便宜。现在用的各种合金钢及高强度混凝土，会由高分子新材料来代替，重量轻而强度高。桥梁构件的制造，一律自动化。桥墩的水下工程，可用机器人操作，动作灵巧，由人在水上指挥。桥墩基础，不必沉到那么深，在轻松的土质中可以加进凝固剂，把软土变成硬土。架桥时，全用电脑控制各种机具，差不多不需人的劳动力。采用了这些新技术，当然桥的成本就低了。

读完本段后，请你说一说：本段是如何围绕第一句话把意思表达清楚的？

将来的桥梁一定造得很美。一座桥的轮廓和组成部分，会安排得为大地生色，为江山添娇。桥的“构件”不再是现在的直通通的棍子了，而是柔和的，有如花枝一般；它也不是头尾同样粗为了体现“将来的桥梁”之美，作者运用了大胆和奇特的想象，并引用毛泽东的《水调歌头·游泳》中的名句，将想象中的桥用优美的文字展示在读者面前。

细，而是全身肥瘦相间的。各个构件都配搭成各种姿态，而且各有不同的色彩，把全桥构成一幅美丽的图画。桥上的人行道上还有小巧玲珑的亭台楼阁，让人们在这长廊中穿过时，“胜似闲庭信步”。

将来也会有很小很轻便的桥，可以随身携带，遇到小河，随时架起来，就可在上面走过河。这种“袖珍桥”也许是用一种极轻极软、强度又极高的塑料，制成极薄的管子，用打气筒打进空气，这管子就成为一根非常坚硬的杆件。用一些这样的塑料杆件，预先造成桥的形状，把它们折叠起来，放在身边，如同带雨衣一样，在走到河边时，打打气就架起一座桥，岂不是不用“望洋兴叹”了吗？

⑧ 齐白石画虾（节选）

龚产兴

为了熟悉虾的各种变化，白石老人在水缸里养着几只大虾，闲时常常仔细地观察虾的游动、跃进、觅食以及体态的各种变化。因为他掌握了虾的特征，所以画起来得心应手。

……虾头上的三笔，有墨色的深浅浓淡，水分的渗透干湿，而又表现出一种动感。左右一对浓墨眼睛，脑袋中间用一点焦墨，左右二笔淡墨，使虾的头部变化多端。硬壳透明，由深到浅。而虾的腰部，一笔一节，连续数笔，形成了虾腰节奏的由粗渐细。用笔的变化，使虾的腰部呈现各种形态，有弓腰向前的，有直腰游荡的，也有弯腰爬行的。虾的尾部也是三笔，既有弹力，又有透

作者按照虾的头部、腰部、尾部和前爪的顺序，有序而清楚地介绍了齐白石是怎样画虾的，体现了齐白石画虾技法的娴熟。

明感。虾的一对前爪，由细而粗，数节之间直到两螯(áo)，形似钳子，有开有合。

本段围绕着画虾的触须“看似容易，实则极难”具体展开，说明缘由。

虾的触须用淡墨线条画出，看似容易，实则极难：画得活，则虾的生命自出；画僵了，也就失去了生命。虾须的线条似柔实刚，似断实连，直中有曲，乱中有序，纸上之虾似在水中嬉戏游动，触须也似动非动。

阅读链接

齐白石曾说：“为万虫写照，为百鸟张神。”可见齐白石对画作的孜孜以求。他的绘画融合了传统写意画和民间绘画的表现手法，形成了独特的艺术风格。有人曾评价齐白石的笔墨极简练，不能多一笔，也不能少一笔，一笔一笔可以数得出来。

9 正午牡丹[①]

［宋］沈括

欧阳公[②]尝得一古画牡丹丛，其下有一猫，未知其精粗。丞相正肃吴公[③]与欧公姻家，一见曰："此正午牡丹也。何以明之？其花披哆[④]而色燥[⑤]，此日中时花也。猫眼黑睛如线，此正午猫眼也。有带露花，则房[⑥]敛而色泽。猫眼早暮则睛圆，日渐中狭长，正午则如一线耳。"此亦善求[⑦]古人笔意也。

从第一句话我们可以推测下面的内容将会围绕"未知其精粗"展开。

可见，画家必须善于观察才能逼真地表现生活。

注 释

① 选自《梦溪笔谈》。沈括（1031—1095），字存中，杭州钱塘（今浙江杭州）人，著有《梦溪笔谈》等。

② 欧阳公：欧阳修（1007—1072），字永叔，吉州吉水（今属江西）人，宋代文学家、史学家。他的诗文收入《欧阳文忠公文集》。公，古代对人的尊称。下文欧公也指欧阳修。

③ 正肃吴公：吴育，宋仁宗时人，卒谥正肃。

④ 披哆：形容花瓣张开有些下垂的样子。哆，放、张的意思。

⑤ 色燥：这里是说花色不润泽。

⑥ 房：这里指花房，即花冠。

⑦ 求：探究。

欧阳修曾经得到一幅古画，画面上是一丛牡丹，牡丹下有一只猫，欧阳修不知道这幅画的好坏。丞相吴育与欧阳修是儿女亲家，他看到这幅古画后说："这画的是正午的牡丹。根据什么辨认的呢？画中的牡丹张口开放而且花色不润泽，这恰是花在正午阳光照射下的样子。画中猫眼的瞳孔呈一条线，这是正午时猫的眼睛。如果是带有露水的花，那么花冠是聚拢的，而且颜色润泽。猫眼的瞳孔在早晨和晚上都是圆的，太阳渐渐移向正中间，猫眼的瞳孔就渐渐变得狭长，到了正午就像一条线了。"这也是善于研究古人笔下的意境啊！

组文阅读

下面为同学们编排了四篇文章：《快乐的端午（节选）》《天坛》《客家土楼》《四大刺绣与它们的发源地》。同学们在阅读过程中，不仅可以从不同侧面感受到我国优秀传统文化的魅力，还可以体会到作者是怎么围绕一个意思把一段话写清楚的。

1 快乐的端午（节选）

屠再华

我小的时候最喜欢过端午节。到了这一天，我就牵着妈妈的手去乡下外婆家。

尖尖的端午粽

一到端午节，外婆总会煮好一锅粽子，在盼着我们。粽子是用青青的箬（ruò）竹叶包的。四个一提儿，一个个尖尖的。里面装的是白白的糯米，糯米中间夹着一颗红红的枣儿。外婆一掀开锅盖，煮熟的粽子就溢出一股清香来，吃起来又黏又甜！

外婆包的粽子特别好吃，花色品种也多。除了红枣粽，还有藕粽、赤豆粽和鲜肉粽。可端午节包的粽子，外婆都叫“端午粽”。我们在外婆家美滋滋地吃了，外婆还装一小篮子要我们带回家去，分给大家吃。

我长大了才知道，端午节包粽子，是为了纪念爱国诗人屈原的。在过去，这一天包了粽子，要丢几个到江里去，祭奠(diàn)自尽在汨(mì)罗江里的屈原。不靠近江的，就把粽子丢到河里去……

金色的雄黄豆

端午节，到了外婆家，外婆要妈妈喝一口雄黄酒。雄黄是一味中药，能杀虫解毒。外婆还拿用雄黄泡过的酒，用根筷子蘸一些，在我的额头上画一个王字。外婆不识字，这个王字画得又粗又大。外婆说，小伢儿头上画个王字，就变成一只小老虎了！外公说，小老虎天不怕地不怕，长大了干什么活儿力气都大。

端午节，外婆还炒雄黄豆给我们吃。外婆拿一大盆儿蚕豆，在清水里稍稍浸一会儿，再捞起来倒进锅里去炒。“哧啷啷！噼里啪啦！”“哧啷啷！噼里啪啦！”炒到颗颗蚕豆绽开了壳儿，白白的豆肉露出来了，外婆就洒上一些雄黄酒，看上去金黄黄的。雄黄豆吃起来，

“格嘣”“格嘣”的，又脆又香！外婆炒的蚕豆花色品种也多，有夹着砂子炒的砂爆豆，有夹着盐花儿炒的盐炒豆。可只在端午节炒雄黄豆。每次端午节回家，外婆总要我装两口袋雄黄豆，分给小伙伴吃。

阅读链接

民谚有：“清明插柳，端午插艾。”在端午节，插艾条和菖蒲是重要的民俗活动之一。端午节也是“卫生节”，人们在这一天洒扫庭院，洒雄黄水，饮雄黄酒，以杀菌防病。这些活动也反映了中华民族的优良传统。

② 天　坛

贾月珍

古人认为“天”最神秘、最神圣、最变幻莫测，是万物的主宰。人们要想避祸求福，安享康泰，就要对天顶礼膜拜，求苍天保佑。对于天的祭祀(sì)活动早在4000多年前的夏朝就有了。中国古代的皇帝自称是天子，说他跟天有感应，能够与天沟通。每年的冬至，皇帝都要举行祭天礼。历朝皇帝都把祭祀天地当成一项非常重要的政治活动，因此祭祀建筑在帝王的都城建设中具有非常重要的地位。历代统治者都会集中大量人力、物力、财力去修建。这些建筑体现了当时最高的技术水平，具有很高的艺术性。天坛是中国众多祭祀建筑中非常具有代表性的作品。

天坛始建于明朝永乐十八年（1420），经乾隆皇帝和光绪皇帝几次重修后，才形成现在的规模。

天坛占地面积273万平方米，比紫禁城还大，是我国现存古代建筑中规模大、建筑艺术精美的一处庙坛建筑群。在英文里，天坛被翻译成“天上的庙宇”和“上天的宫殿”。有的外国朋友说“到中国不到北京，不算真到过中国；到北京不到天坛，不算真到过北京”，又说“天坛和长城、故宫一样，是一件杰出的艺术品”。的确，说天坛是中华文明的艺术杰作一点也不为过。

第一，天坛的选址、规划、建筑的设计以及祭祀礼仪都是参照中国古代阴阳、五行等学说而来，把古人对“天”的认识、“天人关系”以及对上苍的愿望表现得淋漓尽致。

第二，天坛中的每个建筑都反复使用了固定的数字，这些数字或代表一年四季，或代表十二个时辰；建筑的形状和色泽，如圆形和蓝色，都有特殊的寓意。

第三，天坛是集古代哲学、史学、数学、美学、生态学于一身的建筑精品。天坛有两道坛墙，平面形状呈“南方北圆”，象征天圆地方。祈年殿、皇穹宇是木制构件、圆形平面、形体巨大、工艺精制、构思巧妙的殿宇，是中国古代建筑中罕见的实例。

天坛内大面积的植被营造了优美的生态环境。天坛是研究古代建筑艺术和生态环境的实物，极具科学价值，是皇家祭坛建筑群中杰出的范例。

天坛不仅是中国古建筑中的明珠，也是世界建筑史上的瑰宝。

阅读链接

天坛回音壁

天坛的皇穹宇正殿及东西两配殿呈圆形设计，围墙上覆盖蓝色琉璃瓦顶，围墙弧度十分规则，墙面极其光滑整齐，对声波的反射是十分规则的。两个人分别站在东西配殿后，贴墙而立，一个人靠墙向北说话，声音就会传到一二百米的另一端，在那里的人能听得清清楚楚，所以称此围墙为“回音壁”。

③ 客家土楼

蔡淳之

客家土楼是一种奇特的民间建筑，它主要分布在福建西南客家人居住的区域。

客家人是汉族的一支，他们的祖先居住在黄河流域。在历史上，黄河流域多次发生战乱，客家的先民们被迫多次大规模向南迁徙。他们在离乡背井的过程中，经历了重重苦难。每一次苦难，都需要一家人团结一致、齐心协力去解决。因而，他们每到一处，总会一家人聚居在一起，用集体的力量，建造大型群体性住宅。这就是客家土楼。

客家土楼的形式多样，其中以圆形环楼与方形环楼最常见。圆形环楼也叫“圆寨”，从外面看是圆形的。依着圆形的围墙，里面建造了无数的房屋，圆形的楼中间，还建有祖堂，这是族人们讨论大事、祭祀祖先的地方。圆形环楼的数量虽然不多，但是面积很大。方形环楼在土楼中的数量最多，人们首先建造一个方形的高大围墙，再沿着此墙建设该楼的其他建筑。

一座客家土楼就是一个家族的聚居中心。在一座土楼里，居住的是一家子人。楼内的数百人中，有父母、兄弟、叔侄、妯娌（zhóu lǐ）、婆媳等各种关系的人，他们大都拥有共同的祖先。大家住在同一座土楼里，共同努力，共同致富。

客家土楼是中国古建筑的一颗明珠。2008 年，在加拿大魁北克举行的第 32 届世界遗产大会上，中国“福建土楼”被正式列入《世界遗产名录》。

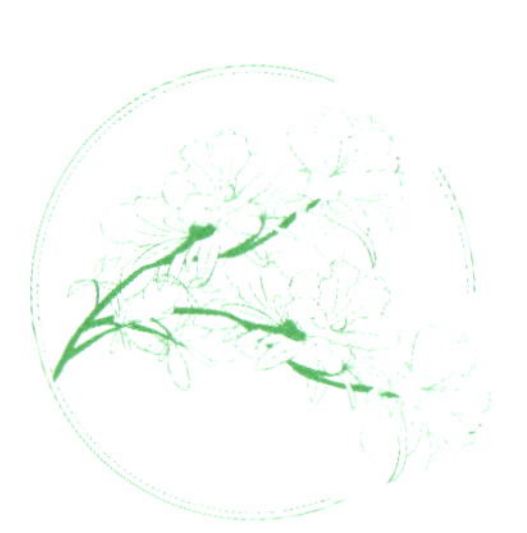

④ 四大刺绣与它们的发源地

江俊博

衣服经过刺绣的装饰，会显得格外不同，有的会更加美观，有的具有某种象征意义。例如裙子绣上花朵就显得格外漂亮，而古代官服上的特殊图案则象征着一定的等级地位。刺绣在中国悠久的历史长河中，沉淀出四大名绣，分别是：苏绣、湘绣、粤(yuè)绣和蜀绣。

苏绣是江苏苏州地区刺绣品的总称。春秋时期，苏州就有在衣服上绣花的习俗。明清时期，苏绣成为苏州地区一项普遍的群众性副业产品，形成了“家家养蚕，户户刺绣”的盛况。那时，民间女子从六七岁开始就要在母亲的教导下学习刺绣被面、枕套、手帕、荷包等。今天，在苏州镇湖有一条专门从事刺绣制作、加工、展览和销售的街道——绣品街，数千米的街道两旁有上百家店铺。

苏州得天独厚，素有“人间天堂”的美誉。苏州孕育了昆曲，盛产嫩香味醇(chún)的碧螺春茶叶，还出产营养丰富的阳澄湖大闸蟹。国学大师章太炎的夫人汤国梨说过：不知阳澄湖蟹好，今生何必在苏州。“小桥流水人家”，是对苏州诗意的写照。苏州园林典雅秀丽，有道是“江南园林甲天下，苏州园林甲江南”，非常贴切。这里保存完好的古典园林有几十处之多，其中的虹饮山房还和苏绣有一段佳话。虹饮山房本是清初文人徐士元的私家园林，乾隆下江南多次入园游历，纪晓岚、和珅（shēn）、刘墉等大臣也都曾数次下榻（tà）于此。清末，苏绣艺术家沈寿曾在这里的小隐园居住，她开创了“仿真绣”，绣品曾轰动海内外。

湘绣是以湖南长沙为中心的刺绣品的总称。长沙相继出土了楚绣与汉绣，说明湖南民间刺绣有着悠久的历史，但一直到清代，湖南刺绣才从家庭副业逐步发展成为专门行业。清咸丰年间，长沙城开设了“顾绣庄”，以营销苏绣、粤绣为主。光绪末年，长沙开设了第一家自绣自售的绣坊，“湘绣”的专门称谓应运而生。此后，湘绣蓬勃发展，在技艺上不断提高，到民国初年，仅长沙一地就有湘绣庄 26 家，绣工 1 万多人。

除了湘绣，长沙还有棕编、中国红瓷器和菊花石雕等其他特产。素有“花炮之乡”美称的浏阳也位于长沙，这里生产的花炮在世界各地都有销售。长沙旅游资源丰富，包括岳麓书院、马王堆汉墓、刘少奇故居等在内的十处景点合称“长沙十景”，吸引了无数游客。长沙的传媒力量不可忽视，湖南电视台推出的不少节目都曾风靡(mǐ)全国，中国金鹰电视艺术节的永久举办地也在长沙。

粤绣，也称“广绣”，是广东刺绣品的总称。粤绣分日用和欣赏两大类，品种丰富，有被面、枕套、床楣(méi)、披巾、头巾、绣服、鞋帽、戏衣等，也有镜屏、挂幛(zhàng)、条幅等。明清时期，粤绣出口海外，受到西方贵族们的喜爱。清末至今，粤绣多次在国内外博览会上获奖。

自秦汉起，广州一直是中国对外贸易的重要港口城市，现在每年春秋两季在广州都会举办中国进出口商品交易会，与世界200多个国家和地区建立了经贸联系。广州景点众多，以“羊城新八景”、中山纪念堂、黄埔(pǔ)军校、南越王博物馆等最负盛名。广州的文德路，一直是文人雅士最爱去的地方，这里售卖字画古董、文房四宝的店铺鳞次栉(zhì)比，还有几家经营刺绣的门店。这里有一个狭长小巷是年轻人购物的天堂，叫作状元坊，因有宋代状元张镇孙的故居而得名。这条小巷充满了时尚元素，各种时髦(máo)服饰、卡通玩具、美味小吃应有尽有。

蜀绣，又称“川绣”，是以成都为中心的四川刺绣品的总称。蜀绣以实用性的日用品居多，取材多是花鸟虫鱼、民间吉语和传统纹饰等，颇具喜庆色彩。蜀绣历史悠久，据晋代常璩(qú)《华阳国志》记载，当时蜀地的刺绣已十分闻名，蜀绣与蜀锦并列，被视为蜀地名产。

成都被誉为“天府之国”，是巴蜀文化发源地。三国时期，蜀汉在此建都。北宋年间，成都商业十分繁荣，出现了中国最早的纸币“交子”。成都是中国中西部拥有世界遗产数较多的城市，拥有武侯祠、杜甫草堂、永陵、望江楼、文殊院等众多历史名胜古迹。此外，成都茶馆遍布大街小巷，有的茶馆还有川剧等戏曲表演，这使得成都古色古香、闲适安逸，因此，很多人说成都是一座来了就不想走的城市。

刺绣是一门古老的技艺，但刺绣与服装的结合却一直在引领时尚。直到今天，刺绣依然在发挥着它独特的作用。有人预测，刺绣与服装的融合发展，会给服装行业的发展带来一场革命。

阅读实践

活动一

自由读文，想一想：四篇文章的作者在一个（或几个）自然段中主要表达了什么意思？是怎样围绕这个意思进行写作的？请根据下方的示例和提示完成图表。

示例：

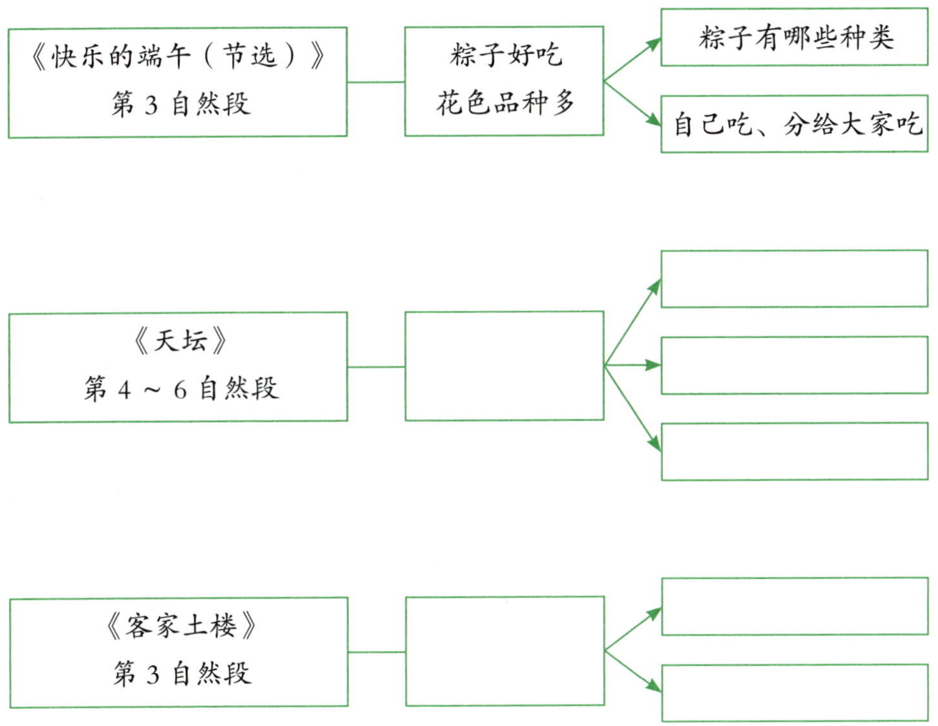

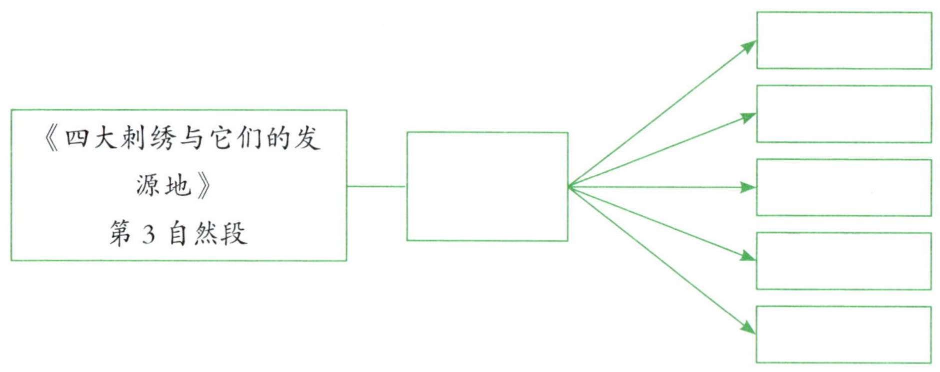

活动二

我国是一个多民族的国家，众多的民族节日，是一份有待挖掘的文化宝藏。请你搜集资料，了解我国少数民族的传统节日，选择其中一个你最感兴趣的节日，思考如何围绕一个意思进行介绍，并草拟一个发言提纲。

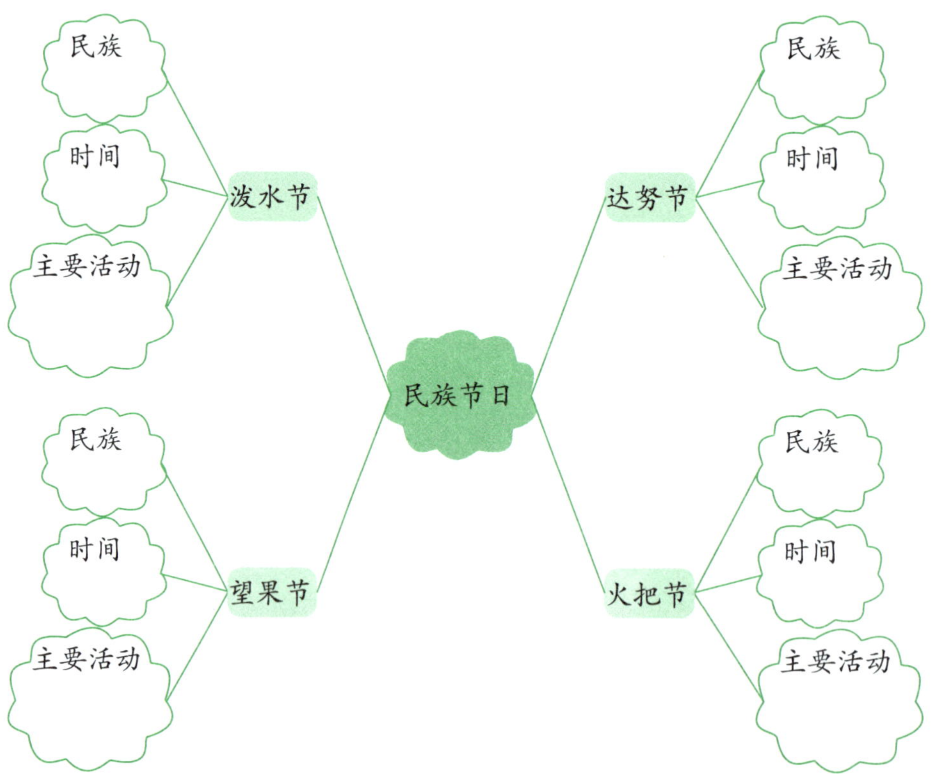

________节发言提纲

中国优秀传统文化博大精深，包罗万象。说到中国传统文化，我们的脑海中可能会浮现：传统节日、唐诗宋词、古代建筑、戏曲汉服、文房四宝、四大发明……

假设你们学校下个月要举行一个中国优秀传统文化展会，你会设计什么主题？要呈现哪些内容呢？请你结合实际进行思考，完成下面的活动方案。（提示：呈现方式可以是海报、实物、模型、讲解等）

中国优秀传统文化活动方案

展会名称：

展会地点：

展会目的：

展会内容：

主题：

呈现形式和主要内容：

① 中秋吃芋艿（nǎi）

中秋佳节，除了吃月饼之外，东南沿海一带的人还有吃糖煮芋艿的习俗。相传这个习俗来自戚家军抗击倭寇（wō）。

全文是围绕这句话来写的。

明代中期，倭寇经常侵犯我国东南沿海，烧杀抢掠，无恶不作。嘉靖年间，军事家戚继光受朝廷派遣，来到浙江率众抵御倭寇。他虽然在驰援台州的战役中打了胜仗，但也认识到明军战斗力不强，因此，他便到义乌等地，亲自招募（mù）了一些农民、矿工当兵，组织训练了一支新军，人称“戚家军”。

有一年的中秋节，戚家军的将士们在营地里欢庆节日。半夜，狡猾的倭寇突然对戚家军发动了偷袭，把他们围困在山上。几天后，戚家军粮草断绝。戚继光一边传令加强防备，一边派出士兵挖野菜和草根来充饥。

士兵们在山上挖野菜时，发现一些长着大叶子的植物，他们顺着大叶子植物的根部往下挖，挖出许多黑黑的长毛块根。块根的皮被剥掉后，里面是白白的，闻起来还有股清香，看上去好像可以吃。于是士兵们就把这些块根扔进锅里，和其他野菜一起煮。煮熟后，士兵们尝了尝，发现这些块根可以吃，并且味道很不错。士兵们就拿给戚继光看。戚继光尝了尝，也觉得这食物不错，就问："你们知道这叫什么吗？"大家都说不知道。戚继光说："这几天，因为我们疏忽大意，让倭寇偷袭得手，造成了今日的危难，还牺牲了一些兄弟。为了纪念那些遇难的士兵，就给它取名'遇难'吧。"

当天晚上，戚家军的将士饱餐了一顿"遇难"之后，便向倭寇发动了猛烈的进攻。士兵们个个奋勇向前，杀入敌阵，成功地将倭寇歼灭于睡梦之中。

从此，为了纪念戚家军抗倭的功绩，东南沿海的人民每年欢度中秋佳节时，都要吃糖煮"遇难"，意思是在家

在江浙一带，"芋艿"的发音与"运来"相近。所以中秋节吃芋艿，不仅仅是享口福，同时还有好运连连的寓意。

人团聚时，不要忘了那些为国家献出生命的人。后来因为语言的发展演变，“遇难”两个字渐渐变成了现在的“芋艿”。

（蔡淳之　改写）

阅读链接

芋，俗称“芋艿”“芋头”。天南星科。地下有肉质的球茎，呈圆、卵圆或椭圆形。叶片多为盾形，绿色；叶柄长而肥大，呈红、绿或紫色。喜高温湿润。用球茎繁殖。原产东南亚；中国南方栽培较多。

② 童年的春节

冰　心

我童年生活中，不光是海边山上孤单寂寞的独往独来，也有热闹得锣鼓喧(xuān)天的时候，那便是从前的“新年”，现在叫作“春节”的。

那时我家住在烟台海军学校后面的东南山窝里，附近只有几个村落，进烟台市还要越过一座东山，算是最冷僻的一角了，但是“过年”还是一年中最隆重的节日。

过年的前几天，最忙的是母亲了。她忙着打点我们过年穿的新衣鞋帽，还有一家大小半个月吃的肉，因为那里的习惯，从正月初一到十五是不宰猪卖肉的。我看见母亲系起围裙、挽上袖子，往大坛子里装上大块大块的喷香的裹满“红糟(zāo)”的糟肉，还有用酱油、白糖和各种香料煮的卤(lǔ)肉，还蒸上好几笼屉的红糖年糕……当母亲做这些事的时候，旁边站着的不只有我们几个馋孩子，还有在旁边帮忙的厨师傅和余妈。

父亲呢，就为放学的孩子们准备新年的娱乐。在海军学校上学的不但有我的堂哥哥，还有表哥哥。真是“一表三千里”，什么姑表哥、舅表哥、姨表哥，至少有七八个。父亲从烟台市上买回一套吹打乐器，锣、鼓、箫、笛、二胡、月琴……弹奏起来，真是热闹得很。只是我挤不进他们的乐队里去！我只能白天放些父亲给我们买回来的鞭炮，晚上放些烟火。大的是一筒一筒地放在地上放，火树银花，璀璨(cuǐ càn)得很！我最喜欢的还是一种最小、最简单的“滴滴金”。那是一条小纸捻(niǎn)，卷着一点火药，可以拿在手里点起来嗤嗤地响，爆出点点火星。

记得我们初一早起，换上新衣新鞋，先拜祖宗——我们家不供神佛——供桌上只有祖宗牌位、香、烛和祭(jì)品，这一桌酒菜就是我们新年的午餐——然后给父母亲和长辈拜年，我拿到的红纸包里的压岁钱，大多是一圆锃(zèng)亮的墨西哥“站人”银圆，我都请母亲替我收起。

最有趣的还是从各个农村来耍“花会”的了，演员们都是各个村落里冬闲的农民，节目大多是“跑旱船”和“王大娘锔(jū)大缸”之类，演女角的都是村里的年轻人，搽(chá)着很厚的脂粉。鼓乐前导，后面就簇(cù)拥着许多小孩子。到我家门首，自然就围上一大群人，于是他们就穿走演唱了起来，有乐器伴奏，歌曲大都滑稽(jī)可笑，引得大家笑声不断。耍完了，我们就拿烟、酒、点心慰(wèi)劳他们。这个村的花会刚走，那个村的又来了，最先来到的自然是离我们最近的金钩寨的花会！

我十一岁那年，回到故乡的福建福州，那里过年又热闹多了。我们大家庭里是四房同居分吃，祖父是和我们这一房在一起吃饭的。从腊月廿(niàn)三日起，大家就忙着扫房，擦洗门窗和铜锡器具，准备糟和腌(yān)的鸡、鸭、鱼、肉。祖父只忙着写春联，贴在擦得锃亮的大门或旁门上。他自己在元旦这天早上，还用红纸写一条："元旦开业，新春大吉……"以下还有什么吉利话，我就不认得也不记得了。

新年里，我们各人从自己的"姥姥家"得到许多好东西。首先是灶糖、灶饼，那是一盒一盒的糖和点心。据说是祭灶王爷用的，糖和点心都很甜也很黏，为的是把灶王的嘴糊上，使得他上天不能汇报这家人的坏话！最好的东西，还是灯笼，福州方言，"灯"和"丁"同音，因此送灯的数目，总比孩子的数目多一盏，是添丁的意思。那时我的弟弟们还小，不会和我抢，多的那一盏总是给我。这些灯，有纸的，有纱的，还有玻璃的……于是我屋墙上挂的是“走马灯”，上面的人物是“三英战吕布”，手里提的是两眼会活动的“金鱼灯”，另一手就拉着一盏脚下有轮子的“白兔灯”。同时我家所在的南后街，本是个灯市，这一条街上大多是灯铺。我家门口的“万兴桶石店”，平时除了卖各种红漆金边的伴嫁用的大小桶子之外，就兼卖各种的灯。那就不是孩子们举着玩的灯笼了，而是上面画着精细的花鸟人物的大玻璃灯、纱灯、料丝灯、牛角灯等等，元宵之夜，都点了起来，真是“花市灯如昼”，游人如织，欢笑满街！

元宵过后，一年一度的光彩辉煌的日子，就完结了。当大人们让我们把许多玩够了的灯笼放在一起烧了之后，说：“从明天起，好好收收心上学去吧。”我们默默地听着，看着天井里那些灯笼的星星余烬（jìn），恋恋不舍地带着一种说不出的惆怅寂寞之感，上床睡觉的时候，这一夜的滋味真不好过！

3 冰　灯[①]

马　德

黑漆漆的夜里，小伙伴们三个一群五个一伙提着灯笼走街串巷玩，多有趣呀！

在我们乡下，孩子们过年有提着灯笼走街串巷的习俗，那是过年最大的乐趣和享受。

这一年的腊月二十五，我去东山坡的大军家，大军拿出他的过年灯笼给我看。灯笼真漂亮，灯罩是菱形的，用玻璃拼成，上面还画了些细碎的小花。灯笼是大军的父亲从遥远的县城买回来的。

回家我就找父亲要灯笼。我说，不要纸糊的，要透亮的。我知道，父亲没有钱买高级的玻璃灯笼，我希望他能够给我做一个。

父亲答应了。

大年三十的早上，我被一阵沙沙、沙沙的声音吵醒了，睁开眼睛，看见父亲在一边忙着什么。等适应了

① 选入本书时略有删改。

屋子里很暗的光线后，我才看清楚，父亲正在离炕很远的地方打磨一块冰。冰太凉，每磨一阵，父亲就会停下来，用衣角擦擦手，把手放在棉衣里暖一会儿。

我问："爹，你在干啥？"

父亲把头扭过来，说："没有找到合适的废玻璃，我昨天冻了一块冰，正给你做冰灯呢。天还早，你再睡一会儿吧。"说完，父亲回过头去，继续用力磨了起来。

我再也睡不着了。当我看见父亲又一次把手放进棉袄时，我急忙喊他："爹，你到我这里来暖暖手吧。"一边说，一边掀开了自己盖的被子。

父亲看见了，赶快来到我的身边，把我撩起的棉被一把按下，连声说道："我不冷，不冷。小心冻着，要过年了。"

父亲的手碰着了我的手，他的手真凉啊！我的鼻子发酸，心里直后悔，真不该找父亲要一盏透亮的灯笼。

这一年春节，我的灯笼是最特别的。小伙伴们都称赞我的冰灯，连大军也有点羡慕我。过了几天，冰灯融化了，变成了一片水。但是，它从此留在了我心里。

"它"不仅仅是指冰灯，更是指如山的父爱。

④ 陶器上的图画与符号

管成学

在陕西省西安市的东郊，有一座拱形屋顶的宏伟建筑，它就是闻名中外的西安半坡博物馆。

在这里展出的是1954年开始发掘的我国新石器时代仰韶（sháo）文化重要遗址——半坡遗址的文物。

在半坡遗址中，考古学家发现了大量的彩陶。这些彩陶向我们展示了距今约六千年的灿烂的仰韶文化。

半坡先民们把彩绘纹样与器物造型相结合，鲜明地表现出了半坡氏族文化的特征。他们所描绘的寓意深刻的图案，映照出半坡先民斑斓（bān lán）多彩的生活。

半坡彩陶的图案花纹，种类丰富，样式繁多。以仿生性的纹样组成的图案，造型奇特，寓意深奥。以几何形组成的图案纹样，造型规范，结构缜（zhěn）密。

> 下文从仿生性的花纹，写到几何形的花纹，突出了半坡彩陶花纹种类丰富、样式繁多。

仿生性的花纹绘有各种

意趣生动的人、动物、植物，其中以动物纹居多，有各种姿态的鱼、追逐的鹿、跳动的蛙、站立的鸟等，其中，以鱼的纹样最多。

从花纹内容的丰富可以推测出半坡先民生活的多彩斑斓。

半坡彩陶的早期鱼纹是形象写实的意象纹样，或活泼，或平静，或迅猛，生动传神，惟妙惟肖。晚期鱼纹由写实变为写意，采取了夸张变形的艺术手法。

几何形的花纹，主要来源于纺织物的几何图案，如仿筐篮的编织纹理，仿竹条交叉的编织纹理，也有一个写实到写意的过程。

半坡遗址的彩陶上，不仅有千姿百态的纹样，还有笔画流畅的符号。这些刻画符号从形状上看，同后来出现的甲骨文十分相像，而且刻画符号所表示的数字文字与甲骨文基本相同或相近。所以，可以断定它属于象形文字系统，可能是中国汉字的起源之一。这种陶器口沿上的符号，共有23种，我们称为陶文。

我们讲述半坡遗址的彩陶，是因为仰韶文化的先民们将彩陶当作绘画和书写的材料，这种洁净光润的陶土使绘画与刻写具有爽朗动人的风采。陶器可以说是人类最早尝试的书写与绘画的材料之一。

⑤ 万里长城的构造

罗哲文

全文紧紧围绕万里长城这项工程的“伟大”来写。

万里长城是我国古代的一项伟大的工程。它反映了我国古代劳动人民的智慧和毅力，也反映了我国古代建筑技术的伟大成就。

在明朝以前，城墙大多是用土筑或石砌的。明朝长城大部分用砖、石砌筑，在工程上有了很大的进步。现在以明朝所筑的居庸关、八达岭这一段长城为例，来说明它的构造。

墙身是城墙主要的部分，平均高约7.8米，凡是山岗陡峭的地方都比较低一些，平坦的地方则比较高一些。城墙内部比较低，外部比较高。墙基平均有6.5米宽，顶部只有5.8米。在墙身内部的一面，每隔不多远就有一个券门，有石梯通到墙顶上，守城士兵可以由此上下。墙身都是用整齐的条石砌成的，内部填满泥土石块，非常坚实。

城墙的顶部，用三四层砖铺砌而成，面上一层是方砖，用石灰砌缝，砌得十分平整坚实，野草都不能生根滋长。陡峻的地方砌成梯道。墙面宽 4.5 米左右，可容五马并骑，兵士十行并进。靠内部的一面，用砖砌成高约一米的宇墙（城墙上所筑小墙）。在靠外的一面则用砖砌成高近两米的垛口。每个垛口的上部有一个小口，叫作瞭望口。垛口的下部有一个小洞，叫作射洞，是用来射击敌人的。城墙墙面还有排水沟和吐水嘴等设备。

城墙上每隔大约半里，有一个凸出墙外的台子，这种台子分作两种：一种叫作墙台，台面与城墙顶部高低差不多，只是凸出一部分于墙外，外边砌有垛口，台上还有遮蔽风雨的简单房子。这种台子是巡逻放哨的地方。另一种叫作敌楼，分上下两层，下层有许多砖砌的小房间，可容十余人住宿，上层有射击和守望用的垛口。敌楼上还有燃放烟火的设备。

烽火台也称作烽堠(hòu)、墩堠、狼烟台、烟墩等，是专为传递军情用的。如遇有敌情，白天燃烟，夜间放火。形式是一个单独的台子，大多建筑在山顶上。有的设在长城外面，作为长城的前哨信号站。有的设在长城作者按照从低到高的顺序——墙身、城墙的顶部、城墙上的台子、烽火台，清楚地说明了城墙的构造，说明了长城独特的军事功能和历史价值，突出了万里长城的“伟大”。

里面，互相连接。汉朝设立的烽火台叫作“烽燧”，是用土石筑成的高台子。台上有一个高架子，上面挂着一个笼子，笼子里头装着干柴枯草，如发现敌人来犯，就点燃它，发出火光作为信号，这叫作“烽”。另外还堆积着许多准备燃烟用的柴草，叫作“燧”。白天燃燧，夜里点烽。据说当时曾用狼粪作为燧，因为狼粪的烟可以直上云霄，远处容易看见，所以又称烽火台为狼烟台。

登上八达岭的长城高处，可以清楚地看到长城的结构。它总是外侧高险，有的地方下临绝壁，在当时的军事条件下，要想循着险峻的山势攀登到城下，再无依无傍地进行仰攻而破城取胜，几乎是不可能的。

6 虾趣（节选）

秦 牧

我家的客厅里挂着一幅齐白石的水墨虾画，那里面十来只虾，生动极了。一次，有个农妇来倒人尿肥，肩上挑着一担水桶，一进门来，看到那幅画，竟着了迷，担子没有卸肩，就站着欣赏，一面连声啧（zé）啧赞叹：“真像呀，就和活的一模一样。”

通过农妇没有卸肩上的担子就站着欣赏画这件事，进一步写出齐白石画虾“生动极了”，突出了他画虾技艺的高超。

齐白石画虾之妙，大可以说前无古人，我们从各种画册中看到古代画家的虾蟹之类的绘画，没有一个比得上他。

…………

我曾经把一只虾养活了一个多月，观察过虾的生态。经过那一次之后，对于齐白石的虾画，不期然地提高了一点儿欣赏水平。

虾，随着环境颜色的不同，它甲壳上的颜色是可以发生变化的。江河里淤泥地带的虾，身上颜色黑些；沙底地带的虾，颜色洁白些。

活蹦乱跳的虾，身体很透明，在它将要死亡的时候，透明程度就减轻了，逐渐转化为奶白色。越是生命力旺盛和食物充足的虾，它头部的那一团黑色的东西越显著。那是它的脏腑和未曾消化完的食物。活蹦乱跳的虾，我们完全可以看到它的头壳里器官的搏动。

虾是喜欢嬉戏的，常常两只纠缠在一起，互相用长钳钳着玩。

虾在前进游动的时候，伸直了两只钳足，而当它遇险迅速后退的时候，两只长长的钳足就缩起来了。

虾吃食物时很小心，总是先用钳足去试探一下，然后赶紧后退，接着再试、再退，最后，它认定完全没有危险了，就放胆大嚼。吃东西的时候，用脚爪辅助，桡(ráo)足快乐地划动着。有时，它仅仅用两只脚支地，其他的脚和整个身子都斜翘起来了。

…………

观察了虾的生态，我逐渐理解到：齐白石画那十几只虾，是费尽心机的，它们真个是多彩多姿！那画幅上面，既有来自淤泥地带的较黑的虾，也有来自沙底地带的较洁白的虾。它们头壳里那一团黑色的脏腑都很鲜明，这表现了它们的生命力异常旺盛。它们有正在向前游的，也有正在向后退的，更有正在嬉戏和觅食的。虽然画面上并没有出现藻类、沙石、溪涧、水纹，但是只要看到那些虾的姿态，仿佛这一切都已经有了。不知道这位老画师是观察了多少的活虾，才能够画虾画得这样出神入化的！

齐白石画的虾“出神入化”，原因之一是齐白石深入观察过虾的生态。

奇妙的自然界

看，蝴蝶翩翩起舞，花朵簇簇开放；听，小鸟鸣声啁啾，小溪水流淙淙……同学们，只要你留心观察，就会有许多发现，每一个看似微小的生命，都在演绎着自然界的奇迹。

让我们随着生动的笔触和优美的文字，体会作者认真、细致的观察与发现，感受观察的乐趣，养成勤于思考的习惯，在阅读中学会借助关键语句迅速了解并概括一段话的大意。

范文阅读

① 有趣的生命时钟①

洪满贤

黎明时分，鸟儿在枝头用歌声迎来初升的太阳；夜幕降临，睡了一天的懒猫突然精神焕发，伸出利爪扑向在黑暗处盗窃的老鼠；午夜，蜘蛛在墙角、树杈忙碌地编织着它的罗网。牵牛花在早晨开花，紫茉莉在下午怒放，夜来香晚间散发出浓郁的芳香……走进绚丽多姿的生物世界，我们会发现生物都有自己的生命时钟，许多生物的活动是按着昼夜的节律周期进行的。

这一自然段是围绕最后一句话来写的。抓住这句话，就可以概括这一自然段的大意。

在海边滩涂上又是另一番景象。每当潮水退落的时候，招潮蟹便爬出洞穴，在露出水面的海滩上来回奔跑觅

① 选入本书时略有删改。

食。直到潮水即将涌来之前的 10 分钟，它才赶忙爬回洞穴，并在洞口高举着那只粗壮有力的大螯，好像在招手示意，欢迎潮水的到来，因此人们把它叫作招潮蟹。招潮蟹不仅随着潮水的起落觅食，还会随着潮起潮落改变身体的颜色：夜间是黄白色的，日出时慢慢变深，到低潮时最深。更有趣的是，它每天出现最深颜色的时间一天比一天推迟 50 分钟，正好与潮汐(xī)低潮推迟 50 分钟完全一致。

生物节律是相当稳定的，即使环境突然改变，它仍会在一定时间内保持不变。有人把招潮蟹放在完全黑暗、没有潮汐、没有温度变化的水族箱里长达 35 天之久，它仍能按照被捕地点的潮汐节律来改变身体的颜色，而且每天的变化都推迟 50 分钟。许多实验都表明，生物的昼夜节律并不是直接由昼夜变化引起的，而是生物体内存在一种生命时钟。

生物除昼夜节律外，还有年周期节律。小燕子总是每年冬天飞到温暖的南方避寒，春天又飞回北方筑巢、觅食、繁衍后代。不同的花卉总是在不同的季节盛开，春兰、夏荷、秋菊、冬梅是人们所熟知的。小燕子和这些花卉的活动规律就属于年周期节律。

这句话在文中起到了承上启下的作用。借助这个关键语句我们便能迅速了解全文大意。

生物节律和我们的日常生活是密切相关的。三班倒的工作人员，由于睡眠节律和体温节律不同步，常常不容易适应。如果人长期定时从事某项工作，如按时起居、按时上班、定时进餐、定时排泄等，就能形成良好的生活节律。随意破坏良好的生活节律往往会引起疾病。

②花　钟

金　波

夏天，天亮得早，我起得也早。

大约五点钟，我去湖边跑步、做早操。我看见牵牛花已经开放了。每天都是这样。

我听见虫儿在草丛里鸣叫。露水很重。那虫儿的鸣叫声也是湿润的。不知为什么，我总喜欢把那些牵牛花比作彩色的小喇叭——那些紫色的、蓝色的、粉色的小喇叭。它们每天清晨，朝着东方，播放着第一场昆虫音乐会。（我还想，那绿色的蔓条儿，该是电线了？）

作者的眼睛多敏锐呀！他在晨练时观察到了蒲公英开放的时间和开放时的姿态。

当我绕湖一周，又爬上那座小山坡，大约六点钟。我看见蒲公英也展开了它金黄的花冠，远远地望去，好像满山坡都是点点阳光在闪烁。每天都是这样。

我提醒自己，该回家了；吃过早饭，就去上学。我从没有迟到过。

我知道，当牵牛花开放的时候，我去锻炼；当蒲公英开放的时候，就该回家吃早饭了。

我知道，许许多多的花都按时开放着。在花的学校里，花是遵守时间的孩子。它们和我们一样。

这句话总结了全文。

阅读链接

蒲公英，在江南有个好听的名字，叫华花郎。蒲公英的花朵是黄色的，花朵凋谢后，就会留下一朵朵白色的绒球，这些就是由蒲公英的种子汇聚成的。风一吹，种子便随风传播到很远的地方去，就像一把把小小的“降落伞”；风一停，种子便会落下来，遇到合适的环境就会生根发芽，长成一棵棵新的蒲公英。

③ 红鲤斗水

菁　莽

作者用生动优美的语句描述了红鲤生存的环境，让我们读了第一段就忍不住想读第二段。

连日的春雨把池塘满溢了，水面上那些嫩绿的浮萍连同春水漫到小路上来了。老远，我就瞧见，柳树下边那些埋在路中的毛竹管涵洞冒着水——池塘里的水穿过竹管流入小沟，它要到远方旅行前，乐得往四处抛散着银色的珠花……

第一句话是这个自然段的总起句，下面的内容是围绕这句话展开的，借助它就可以概括这一自然段的大意。

在柳树边，我发现，小沟里有一条红色的鲤鱼，斗着竹管里流出的水直冲。它冲第一次，被流水带回到沟里；它冲第二次，也没有冲进水管；于是它又第三次从小沟往上冲。由于冲得太猛，跃出水面掉在小路上。我想捉住它，可是它蹦回小沟里去了，只留下几片浅橙红色的鳞片荡漾在路心的泥水里。这条红鲤真可说是具有坚强的意志；它又在水沟里斗着竹管的流水猛冲，这第四次的冲锋竟是那么巧，一冲就蹿进了竹管！

当我转身往池塘里看时，只见水里一条红鲤，嘴巴一张一闭地吞食着水上的浮萍。四根红须轻轻地前后拨动着，悠然地摆着尾巴，游向池塘中央，沉到水底……

作者抓住红鲤嘴巴的一张一闭，红须的前后拨动，尾巴的悠然摆动，为我们展现了红鲤轻松、愉悦的状态。

回到家里，听妈妈说，溪里的红鲤斗水进池塘，是去生小红鲤的，将来池塘里会有许多红鲤。祖母说我看见了鲤鱼跳龙门。

④ 我和祖母养的八哥

郭 风

我在四岁时，养过一只八哥。

那时，祖母还在世。这只八哥是祖母和我一起养的。

那时，我们天天给八哥洗澡。我们把鸟笼打开，它一看到面盆，就跳进水里去。它还是一只小八哥，就能够自己洗澡。它连头都钻进水里去，大拍翅膀，把水拍得满地。记得有一次，它从面盆里跳出来，没一会儿，又跳进水里，再洗一回澡。

关键语句有时会出现在自然段的中间。

我和祖母养的八哥，是干干净净的。

我们叫它“乌阿”，因为它的羽毛是深黑色的。有时也叫它“大眼睛”，因为它的眼睛睁得又圆又大。

不同的名字表现了小八哥不同的外形特点，也突出了“我们”对它的喜爱。

“乌阿，吃豆腐！”

祖母把豆腐切成一小块一小块的，

用火柴梗插着，放进鸟笼里，请它吃早餐。它张开黄色的嘴巴，一口吞下。每顿它会吞下好几小块豆腐。

八哥长了翅膀——翅膀下面长出白色的绒毛，洗澡以后，在地上跳跳，喜欢飞到桌上去。后来会飞到门上去，站在门顶。给它一小块豆腐，它的眼睛睁得又圆又大，就飞下来，把豆腐吞下。

作者把八哥的动作描写得如此细腻生动，可见作者的观察非常细致。

有一天，它从门顶飞到对面的墙上，墙外是一棵高大的龙眼树，它又从墙上飞到龙眼树上。我们给它一块豆腐，它的眼睛睁得又圆又大，可是，不飞下来，还是站在树枝上。

“乌阿，吃豆腐！”

祖母有些慌张，大声呼唤。这时，我的爸爸走出来了，祖母说：“木梯！木梯！”记得爸爸还来不及抬出木梯，不知怎么一来——我眼睁睁看那八哥飞走，在龙眼树梢飞了一圈，不见了……

我“哇”的一声哭起来——我想是有这么一回事的，尽管那时我才四岁。

⑤ 鹿

［法国］儒勒·列那尔

我从小路的一头走进树林，这时它从林子的另外一头到来。

起先我以为是一个陌生人顶着一盆花在走路。

随即我瞥(piē)见一株矮矮的小树，枝条扶疏，没有叶子。

最后，鹿一下子出现了，于是我俩都停住脚。

我跟它说：

“过来吧，别害怕。别看我背着枪，这不过是模仿那些神气十足的人，摆摆派头，我可从来不用，我的子弹都还搁在子弹盒子里。”

鹿逃跑的动作描写很有画面感，我们也要学习这种写法。

鹿细听，嗅嗅我的话音。我一说完，它毫不犹豫地撒腿就跑，它那四条腿像一阵风，刮得树枝一会儿交叉，一会儿又分开。它逃跑了。

“多遗憾！”我向它直叫嚷，“我本来还想着咱们一道上路呢。我啊，我要亲手给你送上一把你爱吃的草，而你呢，你就在叉角上横担着我的枪，款款漫步吧。”

通过生动的语言描写，作者形象地描绘了鹿角的样子和鹿漫步的优雅姿态。

（徐知免　译）

阅读链接

秦朝时有一个大臣，名叫赵高，他的权力很大。有一次他特意找来一只鹿，献给当时的皇帝秦二世。他当着其他大臣的面，指着鹿故意说：“这匹马是我特意献给陛下的。”秦二世说：“这明明是一只鹿啊。”在场的很多大臣都怕赵高，为了讨好他，纷纷站出来指着鹿说：“这就是马，是一匹好马呢！”

⑥ 我的小马

吴　然

丹丹是匹小马，是我的小马。它是我家枣红马生的。

全文按时间顺序，记叙了“我”见证丹丹一天天长大的过程。

那时候，冬天刚过去。从玉龙雪山吹来的雪风，还很冷。丹丹的四条小腿直打战，毛乎乎的身子紧紧挨着枣红马。我想去抱抱它，枣红马老用身子挡着。它太温顺了，胆子小得不敢离开妈妈一步。

丹丹生活的环境真美啊！

真正的春天来了！玉龙雪山明朗的笑脸，在蓝天下闪闪发光。从山上流下来的小溪，欢快地走过村前的草滩。溪水里漂着杜鹃花、杏花和梨花的花瓣。鲜嫩的牧草，鲜嫩的野花！太阳的温暖，草滩的芬芳，使丹丹大吃一惊！它嗅着牧草和野花的香味，鼻翼痒痒地抖动着。

枣红马用头推着它，鼓励它去奔跑。

丹丹怯生生地离开妈妈，用前唇轻轻地嗅触嫩草和野花。突然，一朵粉白小花飞了起来，吓它一跳。原来是一只蝴蝶。接着又飞来几只黄蝴蝶和花蝴蝶。它们围着丹丹忽上忽下、忽前忽后、忽左忽右地飞舞着，丹丹高兴极了。

夏天还没有过完，丹丹就长大了许多。你看它，通身像暗红缎子一样光滑、柔软、发亮；一双眼睛宝石般清澈、明净、美丽，简直是马族中的小王子啊！

丹丹成了我的好朋友，也是苏朗、木嘎、山梅的好朋友。放了学，我们就和丹丹在草滩上玩耍。

我们喜欢打扮丹丹。采来野花，编成花冠，我们给丹丹戴在头上。还把一些花串披挂在它的脖子上，拴系在它的尾巴上。我们把它牵到溪边。它从溪水里看着自己的影子，故意撒娇，挤眉弄眼，傻乎乎地摇晃脑袋，逗得我们哈哈

“嗅”“抖动”这两个词细腻而生动地描绘出了小马丹丹的动作，“推”“鼓励”则表现了枣红马的慈爱。

借助总起句，我们可以概括这个自然段的大意。

作者运用拟人的手法，生动形象地表现出了丹丹可爱的情态，也表达了对丹丹的喜爱之情。

大笑。呵，当丹丹驮着我们的书包，在晚霞里走回家的时候，别提我们有多快乐了！

日积月累

一马当先	金戈铁马	塞翁失马	天马行空
心猿意马	车水马龙	万马奔腾	马到成功
蛛丝马迹	龙马精神	一马平川	走马观花

组文阅读

下面为同学们选编了四篇选文：《一年四季花开花落》《燕子》《我的名称（节选）》《虫儿飞》。这些文章从不同角度介绍了作者留心观察之后的各种发现。同学们一方面可以学习作者细腻的笔触和优美的文字，同时也可以练习借助关键语句迅速了解并概括段落大意的阅读技巧。

① 一年四季花开花落

蔡淳之

植物们会根据温度、湿度、光照等因素，决定在一天之中的不同时间开花。所以，有植物学家就把不同时间开放的花种在一起，把花圃修建得像钟面一样，组成一个奇特的“花钟”。

在同一天中，不同花儿开放的时间是不一样的；在一年中，不同花儿开放的季节也不一样。有一首花歌是这样唱的：

正月梅花凌寒开，二月杏花满枝来。

三月桃花映绿水，四月蔷薇满篱台。

五月榴花红似火，六月荷花洒池台。

七月凤仙展奇葩，八月桂花遍地开。

九月菊花竞怒放，十月芙蓉携春来。

十一月水仙凌波开，十二月蜡梅报春来。

读了上面的歌谣，相信大家都知道，原来根据花儿开放的时节，也可做成一个“花钟”——看到某种花儿开了，就知道哪个月份要到来了。

不同季节开放的花儿都有自己的特点，每个人对百花的喜好也不一样。如北宋诗人林逋(bū)特别爱梅花。他种梅、养鹤成癖，终身不娶，自称“以梅为妻，以鹤为子”。他的《山园小梅》诗中的“疏影横斜水清浅，暗香浮动月黄昏”是千古名句。北宋的文学家欧阳修最爱牡丹，他曾写了《洛阳牡丹记》一书，叙牡丹花之品，释牡丹花之名，记牡丹花之风俗。这本书流传很广。宋代的理学家周敦颐（世称濂溪先生），平生喜爱的是荷花，《爱莲说》中的“出淤泥而不染，濯(zhuó)清涟(lián)而不妖”，反映了他的高尚情操。

文人墨客们玩味和吟咏百花，于是就有了十二月花神之说：一月兰花神屈原，二月梅花神林逋，三月桃花神皮日休，四月牡丹神欧阳修，五月芍药神苏东坡，六月石榴神江淹，七月荷花神周濂溪，八月紫薇神杨万里，九月桂花神洪适，十月芙蓉神范成大，十一月菊花神陶潜，十二月水仙神高似孙。

一年四季花开花落，只要你用心体会，就会领会到大自然带给人们的独特感受。

日积月累

唯有牡丹真国色，花开时节动京城。——［唐］刘禹锡

桃花浅深处，似匀深浅妆。——［唐］元稹

晓迎秋露一枝新，不占园中最上春。——［唐］杜牧

一声羌管无人见，无数梅花落野桥。——［元］王冕

② 燕　子

［法国］儒勒·米什莱

如果你用手抓住燕子，逼近审视，老实说，这实在是一种既丑陋又古怪的鸟儿。但是这正好跟它是最典型的飞禽密切相关，它是鸟类中非常擅长飞行的鸟儿。大自然为了达到这个目的把其他一切都牺牲了：不重外形，只顾动作灵活，把它制作得非常巧妙，使这种鸟儿歇下来很难看，而一旦飞起来，却成了所有飞禽中最优美的品类。

镰刀似的双翼，突兀的眼睛，没有颈脖儿（这是为了使它气力倍增），脚爪细微到几乎看不见的程度。它的大致特征如此。还该加上一张特别宽阔的喙，老是张着，在飞行中不停地时开时合，吞食蠓(měng)虫。

燕子就是这样，在飞行中吃喝，在飞行中沐浴，也在飞行中喂养幼雏(chú)。如果说它比不上鹰隼(sǔn)的那种扶摇直上、雷霆万钧之势，那么它的飞翔却自由得多。它在天空盘旋，转上千百个圆圈，穿梭似的时来时往，勾画出无数不定的迷宫似的图案、种种形状的曲线。这时要有仇敌堕入其中会不禁眼花缭乱，晕头转向，难解难分，不知所措，往往给劳累得筋疲力尽，只好就此打住，放开它，可它却依然毫无倦色。它真是空中王后，由于动作无比灵活，整个空间都属于它了。有谁能像它这样在迅速冲刺和急转中随时改变方向呢？没有。用各式各样、变幻莫测的方式去捕食那些总是微微摇曳着的猎物，如苍蝇、库蚊、金龟子和千万种飘浮的、不沿直线飞动的昆虫。这无疑是最好的飞行训练了，这使得燕子超越于一切飞禽之上。

大自然，为了做到这一点，为了使这对独一无二的翅膀诞生，拿定主意，略去了它的足部。在教堂里有一种形体较大的燕子——我们称为雨燕——足部已经完全萎缩，但翅膀特别发达。

据说雨燕每小时能飞行80法里[①]。这种惊人的速度堪与海洋中的战舰鸟相埒(liè)[②]。战舰鸟足部也极其短小，而在雨燕身上脚爪只是一个小桩桩儿，一停下来就贴到肚子上，因此，它从不停歇。跟别的生物相反，它

① 法里：法国旧的长度单位，1法里约合4000米。

② 埒：同等，相等。

只是在运动中休息。这种鸟儿从教堂的高塔里一出来，就悬身空际，空气温柔地摇曳着它，轻轻地托住它，使它倦意全消。如果它想栖息，只能用它那双柔弱的脚爪钩住。不过它要是想蹲下，那么就只有歪歪倒倒地像个瘫子，它感到地面坎坷不平，崎岖难行，身子站立不稳。这一下，这飞禽中的翘(qiáo)楚就堕入了爬虫之列。

从某地展翅起飞，对它来说这是最困难的了，因此它总是栖息在高处，这样只要一振翅，身子就自行飘落，翱翔空际。它多么自由自在！然而在起飞前它不过是个奴隶，当它贴身某处时，随便什么人，一伸手都能把它捉住。

这种鸟的希腊名字就叫“无足”，这足以说明一切了。在燕子这个大家族中总共有60多种，遍布全球，以它的优雅风度、飞翔和呢喃的鸣声，使大地平添了喜悦和愉快。正因为形状丑陋，只有很细小的一双脚，它才获得了所有这些珍贵品质：它的天赋，它绝佳的飞行艺术使它居于飞禽之首；而另一方面，它也是经常留驻、最眷恋故巢的鸟类。

这种特别的种族，足部对双翼丝毫没有什么帮助，对于幼雏就只是教育它们学习运用翅膀和进行长期的飞行训练，幼雏待在巢中要很长时间，需要母亲照料，给它们无限关心和抚爱。

这也是百鸟中活动最为频繁的一族，夫妻恩爱，它们的巢不是临时的同居之所，而是真正的家庭，是它们互相帮助、牺牲自我、不畏艰苦地哺育幼雏的圣地。雌燕是温柔慈爱的母亲，是忠实坚贞的妻子。我还知道什么呢？年轻的姐妹们都忙于帮助母亲承担家务，保育婴幼。雏燕对于比它们更幼小的乳燕则互相濡(rú)以柔情，给予照料和教育。

（徐知免　译）

日积月累

扶摇直上	雷霆万钧	眼花缭乱	晕头转向
难解难分	不知所措	筋疲力尽	变幻莫测

③ 我的名称（节选）

高士其

这一篇文章，是我老老实实的自述，请一位曾直接和我见过几面的人笔记出来的。

我自己不会写字，写出来，就是蚂蚁也看不见。

我也不曾说话，就有一点声音，恐怕苍蝇也听不到。

那么，这位笔记的人，怎样接收我心里所要说的话呢？

那是暂时的一种秘密，恕我不公开吧。

闲话少讲，且说我为什么自称作“菌儿”。

我原想取名为微子，可惜中国的古人，已经用过了这名字，而且我嫌“子”字有点大人气，不如“儿”字谦卑。

自古中国的皇帝，都称为天子。这明明要挟老天爷的声名架子，以号召群众，使小百姓们吓得不敢抬头。古来的圣贤名哲，又都好称为子，什么老子、庄子、孔子、孟子……真是“子”字未免太名贵了，太大模大样了，不如“儿”字来得小巧而逼真。

我的身躯，永远是那么幼小。人家由一粒“细胞”出身，能积成几千，几万，几万万。细胞变成一根青草，一把白菜，一株挂满绿叶的大树，或变成一条蚯蚓，一只蜜蜂，一头大狗、大牛，乃至于大象、大鲸，看得见，摸得着。我呢，也是由一粒细胞出身，虽然分得格外快，格外多，但只恨它们不争气，不团结，所以变来变去，总是那般一盘散沙似的，孤单单的，一颗一颗，又短又细又寒酸。惭愧惭愧，因此今日自命作“菌儿”。为“儿”的原因，是因为小。

至于“菌”字的来历，实在很复杂，很渺茫。屈原所作《离骚》中，有这么一句：“杂申椒与菌桂兮，岂维纫夫蕙茝(chǎi)。”这里的“菌”，是指一种香木。这位失意的屈先生，拿它来比喻贤者，以讽刺楚王。我的老祖宗，有没有那样清高，那样香气熏人，也无从查考。

④ 虫儿飞

巩孺萍

“黑黑的天空低垂，亮亮的繁星相随，虫儿飞，虫儿飞，你在思念谁……”每当听到这首歌，我就想起小时候乡下田野里的那些小虫子。它们有的可爱，有的笨拙，有的温和，有的凶猛，这些生活在大自然中的小精灵们，陪伴着我们度过快乐的童年时光，也给我们带来了无限的乐趣。

夏天是虫子最多的季节。中午，除了蝉叫，四周静悄悄的。我们喜欢蹲在梧桐树下看蚂蚁爬来爬去。它们排成长长的队伍，互相打着招呼，搬运着食物。有时候我们故意丢下一块馒头片，然后就看到一只蚂蚁兴奋地绕着馒头片转了几圈，在试图独自搬运失败后，便急匆匆地去通知其他伙伴。过了一会儿，一大群蚂蚁就赶到了，于是它们一鼓作气，推的推，扛的扛，将馒头片搬走了。

有时候，我们故意恶作剧，将馒头片悄悄拿走，让前来搬运的蚂蚁们扑个空，看着它们四下张望，无功而返，暗自得意。有些调皮的男孩儿，会用樟脑丸在蚂蚁周围画一个圈。樟脑丸气味难闻，蚂蚁们常常被困在里面出不来。我们见了就急忙把圈弄一个缺口，放蚂蚁出来。

毛毛虫我们是不敢惹的，它们可没有蚂蚁那么好欺负。见到它们，要格外小心。别看它们颜色鲜艳，长着长长的毛，碰到皮肤上，却又疼又痒。门前的梧桐树上，经常会挂着许多“吊死鬼”，它们身上裹着一个灰色的茧子，茧子的口并没有封住，把茧子取下来，里面就藏着一只又肥又大的虫子。有几只母鸡一见我们捉“吊死鬼”，就凑过来，在旁边等着吃虫子。

那时候，家家都养许多鸭子。为了让它们多下蛋，到了晚上，我们常常拎着塑料袋去水泥场上捉苍虫回来喂鸭子。水泥场上亮着灯，苍虫们喜欢聚在灯下，我们可以捉到很多。除了苍虫，还有“地狗子”，它们有两只大钳子，捉的时候要特别小心，否则被夹到会很疼。最厉害的是天牛，两个长长的触角，嘴上长着锋利的牙齿。这种虫子味道不好闻，也没多少肉，鸭子不吃，我们捉来主要是为了玩儿。比如，将火柴盒做成小车，上面放上石子让天牛拉。看着它“吭哧吭哧”卖力拉车的样子，真是有趣！这也不怪我们，谁叫它的名字叫天牛呢？

夏天蚊子多，那时候家家都挂蚊帐，可是总有一些蚊子从缝隙钻进来，吵得人一夜睡不好。听说蜻蜓吃蚊子，我们就拿着大扫帚扑蜻蜓。蜻蜓一般飞得很高，而且很灵敏，因此，捉蜻蜓最好在下大雨前。那时候，蜻蜓都是低低地飞着，很容易扑到。我们拿着家里扫院子的大扫帚，一边唱着“蜻蜓高，老鹰叼；蜻蜓矮，没人逮”，一边扑打。然后把捉到的蜻蜓用线系着，拴在蚊帐里。不知道蚊帐里的蜻蜓捉不捉蚊子，反正这样做了，夜里睡觉感觉踏实许多。

蝴蝶是很多的，但黄色和白色的菜花蝶太普通，我们从来不捉。偶尔遇见那种长着美丽翅膀的蝴蝶，我们绝不会放过。因为捉这种蝴蝶，我还受过伤。记得有一天中午，母亲在午睡，我和弟弟妹妹在外面玩儿，突然看见一只黑色的大蝴蝶在草地上飞来飞去，然后停在一棵天麻上。“你们等着，看我把它捉来！”我对弟弟妹妹说完，就蹑手蹑脚地朝蝴蝶走过去，快到的时候，猛地将手里的扇子扑过去。可就在这时，我的脚踩到了一个破碎的玻璃瓶，因为穿着凉鞋，尖锐的玻璃将脚上的肉剜(wān)去一块，鲜血一下流了出来。

我当时没感到疼，只是害怕，就一瘸一拐地跑回家喊母亲。正在午睡的母亲被惊醒，立即将我送到旁边的卫生所包扎，嘴里不住地说："从来没睡过午觉，今天第一次睡，就出事，真不让人省心！"我在旁边听着又委屈又难过。脚受伤了，我每天只能一瘸一拐地去上学，再也不能疯玩儿了。过了好久，脚上的伤才好。到现在，我的脚上还有一个疤呢。

现在的孩子很少和虫子玩儿，偶尔见到虫子常常吓得大喊大叫。他们无法体会我们小时候的乐趣，对虫子自然知道的也就很少了。

阅读实践

找出组文阅读文章中一个（或几个）段落的关键句，并根据关键句概括段落大意。

《一年四季花开花落》第 4 自然段	《燕子》第 1 ~ 3 自然段	《我的名称（节选）》第 2 ~ 3 自然段
关键句：	关键句：	关键句：
段落大意：	段落大意：	段落大意：

《虫儿飞》的作者童年时常常和哪些虫子一块玩儿？请你在文中找出来，并体会作者是怎样描写这些虫子的。比如：用了哪些动词、形容词和修辞手法，有什么值得你借鉴的？请摘抄下来，体会作者细致的观察和生动的描写。

位置	虫子	作者是如何描写的
第 2 ~ 3 自然段	蚂蚁	动词：爬来爬去、搬运、绕、转、推、扛 形容词：兴奋、急匆匆 成语：一鼓作气 修辞手法：拟人

（续表）

位置	虫子	作者是如何描写的

留心观察周围的世界，能抓住事物特点写下自己的真实感受和想象，并主动与伙伴们分享是件令人愉悦的事情。仿照你喜欢的语句或段落，用几段话写出你对身边世界的观察和思考吧，可以在不同的位置用上关键语句来提示这段话的大意。

自由阅读

① 一年四季（节选）

［苏联］普里什文

自然晴雨表

一会儿细雨蒙蒙，一会儿太阳当空。我拍摄下了那条小河，不料把一只脚弄湿了，正要在蚂蚁做窝的土丘上坐下来（这是冬天的习惯），猛然发现蚂蚁都爬出来了，一个挤一个，黑压压的一群，待在那里，不知是要等待什么东西呢，还是要在开始工作以前醒醒头脑。大寒的前几天，天气也很温暖，我们奇怪为什么不见蚂蚁，为什么白桦还没有流汁水。后来夜里温度降到零下18度，我们才明白：白桦和蚂蚁从冻结的土地上，都猜到了天会转冷。而现在，大地解冻了，白桦就流出了汁水，蚂蚁也爬出来了。

亮晶晶的水珠

风和日丽，春光明媚。青鸟和交喙鸟同声歌唱。

雪地上结的冰壳宛如玻璃，从滑雪板下面发出裂帛声飞溅开去。小白桦树林衬着黑暗的云杉树林的背景，在阳光下幻成粉红色。太阳在铁皮屋顶上开了一条山区冰河似的，水像在真正的冰河中一样从那里流动着，因此冰河便渐渐往后面退缩，而冰河和屋檐之间的那部分晒热的铁皮却愈来愈扩大，露出原来的颜色。细小的水流从暖热的屋顶上倾注到挂在阴冷处的冰柱上。那水接触到冰柱以后，就冻住了，因此早上的时候，冰柱就从上头开始变粗起来。

当太阳抹过屋顶，照到冰柱上的时候，严寒消失了，冰河里的水就顺着冰柱跑下来，金色的水珠一颗一颗地往下滴着。城里各处屋檐上都一样，黄昏前都滴着金色的有趣的水珠。

背阳的地方还不到黄昏时，早就变冷了，虽然屋顶上的冰河仍然后退着，水还在冰柱上流，有些水珠却毕竟在阴影处的冰柱的末尾上冻结住，并且愈结愈多。冰柱到黄昏开始往长里长了。而翌（yì）日，又复艳阳天，冰河复向后退，冰柱早上往粗里长，晚上往长里长，每天见粗，每天见长。

冰柱早晚的变化，赋予了冰柱生命力，也给了我们更多想象的空间。

春天的转变

白天，空中的一个高处挂着“猫尾巴”，另一个高处云团浮沉，有如一大队数不尽的船只。我们真不知道天会刮旋风，还是逆旋风。

到了傍晚，才都明显起来：正是在今天傍晚，梦寐以求的转变开始了，没有打扮的春天要转变为万物翠绿的春天了。

我们到一片野生的森林中去侦察。云杉和白桦之间的土墩上残留着枯黄的芦苇，使我们回想起春天和秋天的时候，这片森林该是如何密不透光，无法穿越的。我们是喜欢这种密林的，因为这里空气温暖宜人，万物春意深浓。突然近旁水光闪了一闪，原来那是涅尔河，我们欢欣若狂，直奔了河岸去，仿佛一下子到了另一个气候温暖的国度，那里生活沸腾，沼泽上的百鸟争鸣不休，大鹬(yù)、沙锥好像小神马在阴暗下来的空中驰骋，野乌鸡呼唤着伴侣，白鹤几乎就在我们的身边发出喇叭般的信号；总之，这儿的一切都是我们所喜爱的，连野鸭也敢落在我们对面的澄清的水中。人的声音一点儿也没有：既没有鸣笛声，也没有

这是一幅多么和谐、热闹的画面啊！

发动机的嘟嘟声。

就在这个时刻，春天的转变开始了，万物茁壮生长，百花争艳。

（潘安荣　译）

阅读链接

普里什文喜欢到处游历，这为他的创作提供了丰富的素材和灵感。他的创作不是在书房里完成的，而是带着铅笔和小本子到森林里，随便坐在一个树墩上，让笔跟随他的思想，记录下大自然在他心中唤起的一切。

② 白嘴鸦揭开春天的帷幕

[苏联]维·比安基

春天的帷幕是由白嘴鸦揭开的。卸去冬装的地面上，出现了成群成片的白嘴鸦。

白嘴鸦在我国南方越冬，但是我们这北方是它们生儿育女的地方，春天一到，它们就急不可耐地回到家乡来了。在归途中，它们一次又一次遭遇暴风雪的酷寒，几十只、成百只白嘴鸦因为气尽力竭而在半道上丧命了。

最先飞回故乡的，自然是体魄最健壮的一批。这会儿它们正休息呢。它们散落在大道上，绅士般地踱着方步，时而伸出它们的硬嘴壳去刨刨土。

本来大片阴沉的乌云遮满了天空，这会儿不见了。现在是一块块雪堆般的白云飘浮在蔚蓝的天空上。森林里最早一批小野兽出生了。驼鹿和狍子都长出了新角。黄雀、山雀和戴菊鸟开始在林中唱歌了。我们在等待着椋鸟和云雀飞来。我们在树根裸露的一棵云杉下，找到了一个熊冬眠的洞。我们轮流在这个洞旁守候，待熊一出来，我们就立即报道。

法布尔曾说：“在科学上最好的助手是自己的头脑，而不是别的东西。”作者记录了对动物的观察和发现，具有很高的科学价值和文学价值。

一股股雪水，在我们看不见的冰面下汇集。森林里到处在滴水，滴滴答答响成一片。树上的雪也在融化。夜间依旧很冷，严寒又再度将水冻成了冰。

（韦苇　译）

阅读链接

比安基生长在圣彼得堡一个小有名气的生物学家家庭中，他曾回忆说：“父亲在我还很小的时候，就带我往森林里钻。他把每一种草、每一种鸟、每一种野兽的名称都告诉我，教我根据鸟的形状、叫声和飞行的姿势来识别各种鸟类。”比安基把自己全部的感情倾注于大自然，大自然是比安基成长的摇篮。

③ 红蚂蚁

［法国］法布尔

> 大胆质疑是求得真理的第一步，在这里作者提出了实验研究的目的。

据说，蚂蚁就是通过嗅觉来辨明方向的，而它的嗅觉就在它那始终动个不停的触角上。我对这种看法持有怀疑。首先，我并不相信嗅觉会存在于触角上，其理由我已经提到过了；再者，我希望通过实验来证明红蚂蚁并不是依靠嗅觉来辨别方向的。

我时间很紧，没工夫一连几个下午去观察我的那些亚马逊人[①]大队的出发，而且，即使浪费了这么多时间去跟踪观察，往往也无功而返。可我有一个小助手，她没我那么忙，她名叫路易丝，是我的小孙女，我每每跟她讲述蚂蚁的故事时，她都很感兴趣，而且还刨根问底。我把任务交代给她时，她高兴得什么似的，对小小年纪就能为科学做出贡献感到十分自豪。于是，

① 亚马逊人：此处指红蚂蚁。

天气晴朗时，她便满园子跑，寻找红蚂蚁，监视红蚂蚁，仔细地辨认它们列队前去打劫黑蚂蚁窝的路径。她这已不是第一次充当我的小助手了，对她的认真负责，我是非常放心的。有一天，我正在记笔记，只听见有人砰砰地直敲我的书房门：

“是我，路易丝，快来，爷爷，红蚂蚁爬到黑蚂蚁窝里去了。快来呀！”

我连忙打开房门，问她道：

“你看清楚它们走的路了吗？”

“看清楚了，我还做了记号哩。”

“做了记号？怎么做的？”

“像小拇指[①]那样做的呗，我把小白石子撒在红蚂蚁走过的路上。”

我赶忙跟着她跑到园子里去。没错，我的六岁的小助手说的没错。她事先准备好了一些小白石子，看到红蚂蚁大队人马浩浩荡荡地列队走出兵营，她便跟随其后，在它们行经的路上，隔一段撒上点小白石子。这帮亚马逊强盗打劫抢掠之后，便开始沿着小白石子

---

① 小拇指：法国童话作家佩罗的童话《小拇指》中的主人公。

所标示的那条路返回来。打劫地点与它们的家相距百米。这样一来，我便有时间进行事先利用空闲所策划的实验了。

把路面打扫干净的目的是判断红蚂蚁是否靠气味来辨别方向。

我抄起一把大扫帚，把红蚂蚁的行军路线扫得干干净净，扫出的路面有一米宽，路面上的浮土全都扫尽，撒上点别的粉状材料。如果原先的浮土上留有红蚂蚁的气味的话，现在，浮土扫尽，粉状材料已经更换，红蚂蚁肯定会被弄得晕头转向，辨别不清方向来。我把这条路的出口处分割成彼此相距几步远的四个路段。

现在，红蚂蚁大队来到了第一个切割开来的地方。它们明显在犹豫。有的在往后退去，然后又返回来，接着又往后退去；有的则在切割开的部分的正面徘徊彷徨；有的就在侧面散开来，似乎想要绕开这个陌生的地方。蚁队的先头部队一开始是聚集在一起的，结成一个有几十厘米的蚁团，然后就散开来，宽度有三四米。这时候，后续部队也拥上前来，在这障碍物前越聚越多，相互堆挤在一起，乱哄哄一片，茫然不知所措。最后，有几只大胆的红蚂蚁，毅然决定冒险走上那条被扫过的路，其他的红蚂蚁随后便跟了上来；与此同时，有少数的红蚂蚁则绕了个弯，也走上了原先的那条路。其下面的那几个切割路段，它们同样也这么犹豫来犹豫去的，但最终，或直接地，或从侧面绕着，都走上了来时的那条路。我虽然设下了圈套，扫清道路，分段切割，但红蚂蚁最终还是沿着有小白石子标示的那条来时路返回去了。

作者运用恰当的词语详细记录了红蚂蚁的活动情况，观察细致而认真。

这个实验似乎说明红蚂蚁的嗅觉确实是在起作用。凡是在被切割的路段，红蚂蚁四次都同样地表现出犹豫不决来，但它们最后还是踏上了原路，回到了家中。这也许是我清扫得还不够干净彻底，一些有味道的浮土仍然残留在原来的那条路上。绕过扫干净的地方走的红蚂蚁，有可能是受到扫到一旁的浮土的气味所指引。因此，我还不能急着下结论，在表示赞成或反对嗅觉起作用之说以前，我必须在更好的条件之下，再进行实验，必须把它们留在一切材料上的气味全部消除干净。

几天之后，我认真细致地制订了新的计划。小路易丝又帮我去观察。很快，她就跑回来向我报告，说红蚂蚁出洞了。我并不感到惊讶，因为时值6月，下午天气闷热难耐，特别是大雨将要来临，红蚂蚁很少有不爬出洞外来的。我仍旧把小白石子撒在红蚂蚁走过的路上，撒在我选定的最有利于实现我的计划的地方。我把一根作为园子浇水用的帆布管子接到池塘的一个接水口上，把阀门打开；红蚂蚁经过的路径被管子里喷射出来的水给冲断了，冲出一个一步宽的大缺口，冲出好远好远去。我就这么猛冲了有一刻钟的工夫。然后，当红蚂蚁抢掠归来，走近这儿时，我减缓水流的速度，减小水层的厚度，免得让它们过于费劲乏力。如果这帮强盗必须经由原路返回的话，那它们就必须越过这一巨大的障碍。

红蚂蚁的先头部队在这个大缺口面前犹豫了很长很长的时间，后面的红蚂蚁们有足够的时间赶上前来，与排头兵们聚集在一起。只见它们最后利用露出水面的卵石，走进了急流；然后，脚

这是在实验过程中红蚂蚁们经历的第二次考验，从作者记录的蚂蚁们各种不同的活动情景，可见作者观察时间之长，观察之细心。

下的基础没有了，那些最大胆最勇敢的便被流水卷挟而去，但它们的大颚仍旧紧紧地咬着，不肯丢弃自己的猎获物，就这样随波逐流，最后被冲到突出的地方，又到了河岸边，重新找寻可以涉水渡河的地方。地上有几根麦秸秆被冲得到处都是，这便是红蚂蚁需要迈上的摇晃不稳的独木桥。有一些橄榄树的枯枝，被咬着猎获物的乘客们当作了木筏。有一部分最勇敢的红蚂蚁，靠着自己的胆量，也靠着好运气，没有利用任何渡河工具，涉水而过，爬上了对岸。我看到有些红蚂蚁被水流卷带到此岸或彼岸两三步远的地方，看上去它们非常焦急，不知该如何办才好。在这支溃散部队的一片混乱惶恐之中，在遭到这个灭顶之灾的时候，我没发现有哪一只红蚂蚁把嘴里的猎获物丢弃。它们是宁可死也绝不丢掉战利品的。总而言之，它们总算渡过了难关，勉勉强强、凑凑合合地渡过了激流险滩，而且是从预定的路线渡过去的。

在这之前，湍急的水流已经把路段给清洗干净了，而且，在它们忙于渡河的时候，仍不断地有新的水流流过，因此，我觉得，经过我这么一折腾，路上留下的气味应该是没有了，这个问题可以排除在外了。如果这条路上有丁酸味道，我们的嗅觉也嗅不出来，至少在我所说的条件下感觉不出来。现在，我来用一种更加强烈而且我们可以嗅得出来的气味来代替，看看会出现什么情况。

我来到了第三个出口处，在红蚂蚁必经之路上，拿了几把薄荷叶，把地面擦拭了一番。这薄荷叶是我刚从花坛里摘的，很新鲜，气味挺浓。在路的稍远处，我又用薄荷叶铺在地上。红蚂蚁抢掠归来，经过用薄荷叶擦拭过的地方时，没有显出担心、犹豫，而来到薄荷叶覆盖着的地段时，也只是稍加犹豫，便毅然决然地走了过去。

经过这两次实验——用水冲刷路面的实验和用薄荷叶改变气味的实验——之后，我觉得，再认为是嗅觉在指引着蚂蚁沿着原路返回家园的，那就没有道理了。

（陈筱卿　译）

4 芦　鸡

任大霖

有一年春末，梅花溇[lóu]（流过我们村子的河）涨大水，从上游漂下来一窠[kē]小芦鸡，一共三只。

长发看见了它们，跑来叫我们一起去捉。我们在岸上跟着它们，用长晾竿捞，用石块赶，一直跟到周家桥边，幸亏金奎叔划着船在那里捉鱼，才围住了小芦鸡，用网把它们裹了上来。分配的结果，我一只，长发一只，灿金和王康合一只。

那小芦鸡的样子就跟普通的小鸡差不多，只是浑身是黑的，连嘴和脚爪也是黑的，而腿特别长，所以跑起来特别快。为了防止它逃跑，我用细绳缚住它的脚，把它拴在椅子脚上，喂米给它吃。小芦鸡吃得很少，却时时刻刻想逃走，它总是向外面跑，可是绳子拉住了它的脚，它就绕着椅子脚转，跑了几圈以后，绳子绕在椅子脚上了，它还是跑，直到一只脚被吊了起来，不能动弹时，才“叽呀叽呀”地叫了起来。我以为它作者通过对小芦鸡动作、声音的细致描写，表现了小芦鸡失去自由的痛苦和愤怒。

是在叫痛，就去帮它松开绳子，可是不一会儿，它又绕紧了绳子，吊起一只脚来，而且叫得更响了。我才知道它不是为了痛在叫，而是为了不能逃跑才张大了黑嘴在叫唤的。这样几次以后，小芦鸡完全发怒了，它根本不吃米，却一个劲地啄那椅子脚，好像要把这可恶的棍棒啄断才会安静下来似的。

那时候，燕子在我们的檐下做了一个窝，飞进飞出地忙着。只有当燕子在檐下唧啾唧啾地叫着的时候，小芦鸡才比较安静，它往往循着这叫声，侧着头，停住脚，仔细听着。燕子叫过一阵飞出去了，小芦鸡却还呆呆地停在那儿好一会儿。它是在回想那广阔河边的芦苇丛，回想在浅滩草窠中的妈妈吗？

小芦鸡多么向往自由自在的生活啊！

长发的那只并不比我的好些。它一粒米也不吃，只是一刻不停地跑、转，到完全累了之后，就倒在地上不起来了。让它喝水，它倒喝一点点。第三天，长发的小芦鸡死了。长发把它葬在园里，还做了一个小坟。

我知道要是老把它吊在椅子脚上，我的小芦鸡也活不长，就把它解开了，让它在天井里活动活动。不过门是关好了的。小芦鸡开始在天井里到处跑，跑了一会儿以后，忽然钻到天井角落上的水缸旁边去了，好久没出来。这时我突然想起：水缸旁边的墙上有个小小的洞，那是从前的猫洞，现在已经堵住了，它会不会钻进洞里去？我急忙移开水缸，可已经晚了！小芦鸡已经钻进了那个墙洞，塞在里面了。要想从这洞里钻出去是不可能的，可是要退回来，也已经不行。我们想了各种办法帮助它出来，最后我甚至要妈妈把墙壁敲掉，可是即使真的敲掉墙壁也没有用，小芦鸡已经活活地塞死在洞里了。

为这事我哭了一场，不是为我失掉了小芦鸡，而是为小芦鸡渴望自由却失掉了性命。我觉得这是一件极悲惨的事，而我是要对它负责的。

只有灿金和王康合养的那只小芦鸡命运好些。他们不光给它吃米，还到芦苇丛里去捉蚱蜢来喂它。有时候，灿金还牵着它到河边去走走，让它游游水，再牵回来，就像放牛似的，所以它活下来了。

王康家里养着一群小鸡，他们就让芦鸡跟小鸡在一起。过了半个月，就算解开了绳子，小芦鸡也不逃了。它混在家鸡群里，前前后后地跑着，和别的鸡争食小虫。它比家鸡长得快些，不多久就开始换绒毛，稍稍有点赤膊了。可是，它终究是不快乐的，常常离开家鸡群，独自在一旁呆呆地站立着；而它的骨头突出在肉外，显得那么瘦。

大家都说，灿金和王康合养的小芦鸡“养熟”了，说它将会长得很大、很肥。

可是有一天，小芦鸡终于逃走了。那时鸡群在河边的草地找虫吃，小芦鸡径直走到河边，走到河里，游过河去；对面是一带密密的芦苇，它钻进芦苇丛，就这样不见了。

第二年夏天，天旱。梅花溇的水完全干了，河底可以走人。有一天，金奎叔来敲门，告诉我说，从河对面走来了两只小芦鸡，他问我要不要去捉。我跑去一看，果然，两只小芦鸡在河旁走着，好像周围没有什么危险似的，坦然地走着。它们的样子完全跟去年我们捉到的那三只一样。

我看了看，就对金奎叔说：“不捉它们了吧，反正是养不牢的。”

金奎叔点点头说：“是啊，反正是养不牢的。有些小东西，它们生来就是自由自在的，你要把它们养在家里，它们宁愿死。芦鸡就是这样的东西。”

小动物酷爱自由是天性。所有的小动物都爱自由，芦鸡也不例外。如果因为一己之私而让小动物失去自由，那就等于是置它于死地。

阅读链接

芦鸡并不是什么珍奇之物，样子和普通的小鸡差不多，可是，这极为平凡的芦鸡却敢于追求自由，并表现出惊人的勇气。作者正是通过对生活中平凡之物的细致观察，以小见大，发掘出生活中不平凡的哲理。

⑤ 这些动物为啥做鬼脸？（节选）

刘　露

你应该在动物园或网上见过斑马有时会噘着嘴巴，露出大板牙，做出一副嘲笑人的表情，或者老虎冲你吐舌头做鬼脸，一副吃了恶心食物或是十分嫌弃你的样子。另外，你有时可能会发现邻居家傲娇的小猫咪突然龇牙咧嘴，露出尖尖的小牙齿，像是在恐吓你。这些貌美的动物怎么好端端的硬是把自己塑造成了“表情包”呢？生物专家有话说，原来这是一种被称为弗列门反应的现象，这种生物反应又叫作裂唇嗅。

“鬼脸”里的门道

裂唇嗅反应是指动物翻起上嘴唇，露出牙齿，收集外信息素的奇怪行为，常见于有蹄类动物、猫科动物以及大象、树袋熊、刺猬、大熊猫等其他哺乳类动物。其中奇蹄目的马裂唇嗅动作幅度特别大，咧着嘴，如同大笑一样，非常引人注意。这些动物之所以会做出这种夸张的表情，主要由于它们身体里藏着一个特殊的生理结构——犁鼻器。

动物不仅能用鼻子嗅到气味，嘴里也能感知到。犁鼻器就是暗藏在口腔和鼻腔之间专门用于探测外激素的神秘生理结构。如猫的上颚前齿的根部有两个细小的洞，与犁鼻器相通，气味分子从这两个小洞被收集起来，传输给犁鼻器，传达到大脑。而动物翻起上嘴唇，做鬼脸般的动作有利于牙根部的小洞接触空气，将气味传递到犁鼻器中去，进而将获取的气味和外激素信息传送给大脑。

这句话起到了承上启下的作用。

一“嗅”知天下

裂唇嗅可以帮助动物们更好地获取生物信息，除了交配之外，对它们划分地盘以及相互沟通也十分重要。对于狩猎的动物来说，裂唇嗅还能够帮助它们探察其他同类动物或猎物留下之气味。像猫这样被人饲养的动物，对其他的气味也有反应，比如偶尔出现的臭袜子，但食物的气味不会引起猫咪的裂唇嗅。

不过，不是所有拥有犁鼻器结构的动物都有裂唇嗅反应。大象就不会噘着嘴巴“做鬼脸”，因为长长的鼻子太碍事。实际上，它们通过鼻子蘸取要了解的东西，然后把鼻子卷到嘴巴里，在其口腔顶部有通往犁鼻器的通道。如果你看到动物园的大象用鼻子吸了尿液往嘴里塞，不要怪它重口味，或许它只是想闻闻看自己的伙伴们开不开心。而像蛇和蜥蜴这样的爬行动物，具有明显的犁鼻器结构，但是显然它们也不会有裂唇嗅反应。它们的舌头上有细小管道直接通往犁鼻器，所以它们会用吐信子的方式来获取外激素信息。

真有趣，不同的动物有不同的获取信息的方法。

人有没有犁鼻器？

看到这里，不要妄图用舌头在自己的上颚找寻通往犁鼻器的小孔，这只是无用功。人类的犁鼻器是高度退化的，所以你几乎觉察不到张开嘴呼吸和闭上嘴呼吸有任何差异。裂唇嗅反应可不是我们都能做到的，这大概是人类进化中舍弃掉的一项观感。从现代人成长的过程可以看出，我们的祖先应当是有裂唇嗅反应的，现在我们的身体里还残留着一点点痕迹。

在人的胚胎发育过程中实际上存在着犁鼻器这样的生理结构。出生之后，我们的鼻孔下部会有一对小小的凹陷，通过相应的管道接收外信息素，通过这样的方式，婴孩在还未睁开眼的时候就能够通过母亲乳房散发的信息素找到食物的源头。而随着人的成长，各项感官逐渐发育成熟，这种外信息素接收装置就失去了用处，逐渐退化。科学家对564名成年个体进行解剖，发现这些成年人中70%不再具有犁鼻器结构，剩下30%的人虽然存在这一结构，但犁鼻器开口极小，高度退化，并不能发挥相应的功能。

⑥ 麻雀（节选）

冯骥才

这种褐色、带斑点、乌黑的尖嘴小鸟，为什么要在城市里落居为生，我想，一定有个生动并颇含哲理意味的故事。不过这故事只能虚构了。

这是群精明的家伙。贼头贼脑，又机警，又多疑，似乎心眼儿极多，北方人称它们为“老家贼”。

“精明”“机警”是本文的关键词。此外，作者还用了“贼头贼脑”“心眼儿极多”等词，看似在嘲讽和贬低麻雀，果真如此吗？我们接着往下读吧！

它们从来不肯在金丝笼里美餐一顿精米细食，也不肯在镀银的鸟架上稍息片刻。如果捉它一只，拴上绳子，它就要朝着明亮的窗子，一边尖叫，一边胡乱扑飞，飞累了，就垂下来，像一个秤锤，还张着嘴喘气。第二天早上，它已经伸直腿，闭上眼死掉了。它没有任何可驯性，因此它不是家禽。

它们不像燕子那样，在人檐下搭窝。而是筑巢在高楼的犄角，或者在光秃秃的大墙中间，脱落掉一两块砖的洞眼儿里。在那儿，远远可见一些黄黄的草，五月间，便由那里传出雏雀儿一声声柔细的鸣叫。这些巢儿总是离地很远，又高又险，在人手摸不到的地方。

通过对比燕子和麻雀不同的筑巢地点，突出了麻雀的机警。

经常同人打交道，它懂得人的恶意。只要飞进人的屋子，人们总是先把窗子关上，然后连扑带打，跳上跳下，把它捉住，拿出去给孩子们玩弄，直到它死掉。从来没有人打开窗子放它飞去。因此，一辈辈麻雀传下来的一个警句，就是：不要轻易相信人。麻雀生来就不相信人。它长着土的颜色，为了混淆人的注意力。它活着，提心吊胆，没有一刻得以安心。逆境中磨炼出来的聪明，是它活下去的本领。

它们几千年来生活在人间，精明成了它们必备的本领。你看，所有麻雀不都是这样吗？春去秋来的候鸟黄莺儿，每每经过城市都要死去一批，麻雀却在人间活下来。

通过对比黄莺儿和麻雀不同的结局，突出了麻雀的精明。

它们每时每刻都在躲闪人，不叫人接近它们，哪怕那个人并没看见它，它也赶忙逃掉；它要在人间觅食，还要识破人们布下的种种圈套，诸如支起的箩筐，挂在树上的铁夹子，张在空间的透明的网等，并且在这上边、下边、旁边撒下一些香喷喷的米粒面渣，还有那些特别智巧的人发明的一种又一种奇特的新捕具。

有时地上有一粒遗落的米，亮晶晶的，那么富于魅力地诱惑着它。它只能用饥渴的眼睛远远盯着它，却没有飞过去叼起来的勇气。它盯着，叫着，然后腾身而去——这因为它看见了无关的东西在晃动，惹起它的疑心或警觉；或者无端端地害怕起来。它把自己吓跑。这样便经常失去饱腹的机会，同时也免除了一些可能致死的灾难。

这种活在人间的鸟儿，长得细长精瘦，有一双显得过大的黑眼睛，目光却十分锐利。由于时时提防人，反而要处处盯着人的一举一动。脑袋仿佛一刻不停地转动着，机警地左顾右盼；起飞的动作有如闪电，而且具有长久不息的飞行耐力。

它们总是吃不饱，需要往返不停地奔跑，而且见到东西就得快吃。有时却不能吃，那是要叼回窝去喂饱羽毛未丰的雏雀儿。

雏雀儿长齐翅膀，刚刚学飞时，是异常危险的。它们跌跌撞撞，落到地上，就要遭难于人们的手中。更可怕的是，这些天真的幼雀，总把人料想得不够坏。因此，大麻雀时常对它们发出警告。诗人们曾以为鸟儿呢喃是一种开心的歌唱。实际上，麻雀一生的喊叫中，一半是对同伴发出的警戒的呼叫。这鸣叫里包含着惊心和紧张。人可以把夜莺儿的鸣叫学得乱真，却永远学不会这种生存在人间的小鸟的语言。

愉快的声调是单纯的，痛苦的声音有时很奇特；喉咙里的音调容易仿效，心里的声响却永远无法模拟。

它们这样劳碌奔波，终日躲避灾难，只为了不入笼中，而在各处野飞野跑。很多鸟儿都习惯在一方天地的笼中生活，用一身招徕人喜欢的羽翼，耍着花腔，换得温饱。唯有麻雀甘心在风风雨雨中，过着饥饿疲惫又担惊受怕的日子。人憎恶麻雀的天性。凡是人不能喂养的鸟儿，都称作“野鸟”。

但野鸟可以飞来飞去；可以直上云端，徜徉在凉爽的雨云边；可以掠过镜子一样的水面；还可以站在钻满绿芽的春树枝头抖一抖疲乏的翅膀。可以像笼鸟们梦想的那样。

到了冬天，人们关了窗子，把房内烧暖，麻雀更有一番艰辛，寒冽的风整天吹着它们。尤其是大雪盖严大地，见不到食物，它们常常忍着饥肠饿肚，一串串落在人家院中晾衣绳上，瑟缩着头，细细的脚给肚子的毛盖着。北风吹着它们的胸脯，远看像一个个褐色的绒球。同时它们的脑袋仍在不停地转动，还在不失对人为不幸的警觉。

哎，朋友，如果你现在看见，一群麻雀正在窗外一家楼顶熏黑的烟囱后边一声声叫着，你该怎么想呢？

《城南旧事》

林海音

《城南旧事》是著名作家林海音最具影响力的代表作之一，她用纯净平实的叙述带我们走进了20世纪二三十年代的北平（今北京）城南胡同，向我们展现了人性中的真善美。小主人公英子总能看清大人们所看不清的美与丑，她会跟“疯女人”交朋友，会同情兰姨娘，也会因“贼”被抓而伤心，小小年纪的她总能发现世界的美好。童年会过去，但是这本书让“心灵的童年永存下来”，相信这份真挚的情感会如甘泉一般滋润你的心田！

内容梗概

这部作品由《惠安馆》《我们看海去》《兰姨娘》《驴打滚儿》《爸爸的花儿落了 我也不再是小孩子》等五个篇章组成，还包括一则序《冬阳·童年·骆驼队》。全书以英子的成长为线索，以她纯洁的眼睛来看发生在北平南城的生活点滴，表达了对童年生活的无限追忆，对另一个故乡北平的深切眷恋之情。

《冬阳·童年·骆驼队》：用生动活泼的语言描写了“我”儿时在冬天看到骆驼队的场景，充满了好奇与天真，同时说明了撰写《城南旧事》的原因。

《惠安馆》：由于“我”的好奇认识了住在惠安馆的“疯子”秀贞，在“我”的好玩中结识了命运坎坷的妞儿，因“我”的聪明和世间的巧合促就了她们母女的相认。然而为寻找小桂子的亲生父亲，她们母女俩却双双死在火车轮下。

《我们看海去》：“我”在捡球时无意中撞见一个小偷，他以收破烂来掩饰自己，又时常躲藏在草丛里。他做小偷是为了养家糊口，供自己的弟弟上学。“我”虽隐约感觉出了对方的身份，但在与他接触几次后，直觉又告诉自己，他并不是一个坏人。后来小偷被抓，“我”却有想哭的感觉。

《兰姨娘》：主要叙述了兰姨娘从三岁被卖给人家，十四岁从苏州被人带进了北京，二十岁嫁给一个六十八岁老头的经历。她在这个家庭受尽了欺辱，后来逃到了“我”家，从此打乱了“我”家平静的生活。一个叫德先的人，经常到“我”家里来，在和兰姨娘接触的过程中与兰姨娘产生了感情。北平形势吃紧，兰姨娘和德先叔离开北平去了天津和上海，从此家里又恢复了平静的生活。

《驴打滚儿》：宋妈生下一双儿女后，就到了“我”家做奶妈，四年的相处，她与我们感情十分深厚，中间没有回过家，但一直牵挂着小栓子和丫头子。哪知她丈夫生性懒惰又好赌，把丫头子送人了，后来小栓子掉到河里淹死了。宋妈知道后伤心欲绝，遍寻女儿无果后，在一个雪后的早晨又跟她的丈夫回家去了。

《爸爸的花儿落了 我也不再是小孩子》：“我”终于从小学毕业，并且如爸爸的期望一样作为学生代表上台领取毕业证书，但是爸爸已经得了重病，在医院里没办法参加“我”的毕业典礼，看到夹竹桃，“我”回忆起爸爸对“我”严中有爱的教育，百感交集。“我”拿着毕业证书回到家，才知道爸爸已经去世了。就在这时，“我”突然觉得自己长大了。

作者简介

林海音（1918—2001），中国女作家，祖籍台湾省苗栗县，原名林含英，小名英子。她于1918年3月18日出生于日本大阪，1923年随父母迁居北京，曾就读于北平新闻专科学校，毕业后任《世界日报》记者。1948年她同丈夫及三个孩子回到台湾。在北京度过的25年，被林海音称作“金色年代，可以和故宫的琉璃瓦互映”。北京是她的第二故乡，在重病期间，她仍心念北京。

林海音创作丰富，著有散文小说合集《冬青树》，短篇小说集《烛心》《城南旧事》，长篇小说《春风》《晓云》，另外还有《林海音自选集》《林海音童话集》等。其中《城南旧事》被译成英文、日文、德文、法文及意大利文出版，数次在国际上获奖，还被拍成了同名电影，轰动全国。

林海音一生为台湾文坛做出了杰出贡献，她不仅在文学创作、编辑方面获得了很多奖项，还扶植、培养了很多作家，为发展和繁荣台湾文学发挥了重要作用。

2001年12月，林海音病逝于台北，享年83岁。有人说，林海音以一支充满感情及生命的笔，写下了她生命中的两地——台湾和北京。

我们看海去（节选）

妈妈对爸爸说：

“带把锁回来吧，贼闹得厉害，连新华街大街上还闹贼呢！”

爸爸在专心剪裁花草，鼻孔一张一张的，他漫不经心地说：“新华街，离咱们这里还远呢！”然后抬头看见我又说：“是不是？英子！”

我点点头，那空草地在我眼前闪了一下。

宋妈抱起小妹妹走出街门了，她对妹妹说：

“俺们逛街去喽！俺们逛街街去喽！”宋妈逛大街的瘾头很大，回来后就有许多新鲜事儿告诉妈妈，神妖贼怪，骡马驴牛。

我走向空草地……

我没有专心找球，但也希望能看到它，我的脚步是走向那个神秘的墙角的。我憋住气，拨动着高草，轻轻地向前探着脚步，我是怕又踩到什么东西。

那些东西，能够还在这地方吗？我那天怎么不敢多看一看，立刻就返身退出来呢？现在这些东西如果还在这地方的话，我又怎么办呢？当然没有办法，我只是想看一看，因为我喜欢奇怪的事。

但是当我拨开那一丛草的时候，我倒抽了一口气，惊奇地喊了一声：

“哦！”

有一个人蹲在草地上！他也惊吓地回过头来“哦”了一声。瞪着眼望了我一阵，随后他笑了：

“小姑娘，你也上这儿来干吗？”

“我呀，”我竟答不出话来，愣了一下，终于想出来了，“我来找球。”

“球？是不是这个？”他说着，从身后的一堆东西里拿出一个皮球，果然是刘平他们丢的那个。我点点头，接过球来便转身退出去，但是他把我叫住了：

“嗯——小姑娘，你停停，咱们谈谈。”

他穿着一身短打裤褂，秃着头，浓浓的眉毛，他的厚嘴唇使我想起了会看相的李伯伯说过的话：“嘴唇厚厚墩墩的，是个老实人相。”我本来有点怕，想起这句话就好多了。他说话的声音仿佛有点发抖，人也不肯站起来，但是我知道他身后有一堆东西，不知道是不是那天的铜茶盘什么的。他说：

“小姑娘，你几岁啦？念书了没有？”

“七岁，在厂甸附小一年级。”常常有人问我同样的话，所以我能一下子就回答出来。

“嗬！那是好学堂。谁接你送你上学呀？”

“我自己。”回答了以后，想起爸爸，所以我又说，“爸爸说，小孩子要早早养成自立的本事。现在，你知道不知道，新华街城墙打通了，叫作兴华门，我就不用绕顺治门啦！”

“小姑娘会说话，家教好，”他不住地点头，“你爸爸说得对，小孩子要早早地就学着自个儿，嗯——自个儿管自个儿的本事，唉——”他忽然低头长长地叹了一口气，又抬头望着我，笑笑问道：“你猜我是来干吗？”

“你呀——我猜不出。”我摇摇头，但又忽然想起来了，“你是不是来这里拉屎？”

“拉屎？”他睁大了眼睛，“对啦，对啦，我是来出恭的啦！”

“不讲卫生！”

“我们这路人，没有卫生。”

我又低头斜着眼望了一下他的背后，他好像在想什么，愣了一会儿，从短褂口袋里掏出了一把玻璃球，都是又圆又亮的汽水球：

“呐，这些个给你。”

“我不要！”这种事一点儿也不能坏我的心眼儿。爸爸说过，不许随便拿人家的东西。

“是我给你的呀！”他还是要塞到我手里，但是我的手掌努力张开着，并不拳起来，球没法落在我手里，就都掉在草地上了。我又说：

“人家给的也不能随便要。”

“这孩子！”他也很没有办法的样子，随后他又问我：“你们家知道你上这儿来吗？”

我摇摇头。

“你回去要告诉你们家里的人看见我了吗？”

我还是摇头。

“那好，可千万别跟人说看见我了呀！我也是好人。”

谁又说他是坏人了呢？他的样子使我很奇怪！我猜想他不是来拉屎的，那堆东西，跟他有关系。

“回去吧！快黑了！”他指指天，乌鸦飞过去了。

“那你呢？”我问他。

“我也走呀，你先走。”他掸（dǎn）掸身上落下的碎草，好像要站起来，接着又说，“可别说出去呀，小姑娘，你还小，不懂得事，等赶明儿，我跟你慢慢地谈，故事多着呢！”

“讲故事？”

“是呀！我常常来，我看你这小姑娘是好心肠，咱们交个道义朋友，我跟你讲我弟弟的故事呀，我的故事呀。”

“什么时候？”说到讲故事，我最喜欢。

“遇见了，咱们就聊聊，我一个人儿，也闷得慌。”

他说的话，我不太懂，但是我觉得这样一个大朋友，可以交一交。我不知道他是好人，还是坏人，我分不清这些，就像我分不清海跟天一样，但是他的嘴唇是厚厚墩墩的。

我转身向外拨动高草，又回过头来问他：

“明天你要来吗？”

“明天？不一定。”

他正拿一个包袱摊开来包些东西，草下面很暗了，看不清，但是可以听见“当当”的声音，准是那个铜盘子碰着掉在地上的汽水球了。那些是他的东西吗？

我走出了破砖墙，眼前这块地方还是没有人，但远远地我看见宋妈领着小妹妹回来了，我赶快向家里跑，路过隔壁的人家，看见那收破烂的挑子还摆在那里。

阅读小贴士

细节描写是指抓住生活中的细微而又具体的典型情节，加以生动细致的描绘，它具体渗透在对人物、景物或场面描写之中。本书抓住英子的语言、动作、神态、心理等，刻画出一个纯真善良、勇敢坚强的小姑娘形象。你在阅读的过程中如果能仔细体会这些细节描写，相信会有别样的收获。

在阅读过程中，遇到难懂的词句，我们可以通过联系上下文、查找工具书、联系个人生活实际、观察文章插图、请教他人等方法来理解。如《惠安馆》中的“篦子”，通过联系上文描写妈妈梳头的语句，我们知道“篦子”是梳头的工具。

活动一　阅读计划表

每天坚持阅读得一颗星，能在书上做批注得两颗星，能把故事讲给同伴听得三颗星。

阅读时间	阅读内容	阅读感受	自我评价
___月___日 至 ___月___日	《冬阳·童年·骆驼队》		☆ ☆ ☆
___月___日 至 ___月___日	《惠安馆》		☆ ☆ ☆
___月___日 至 ___月___日	《我们看海去》		☆ ☆ ☆
___月___日 至 ___月___日	《兰姨娘》		☆ ☆ ☆
___月___日 至 ___月___日	《驴打滚儿》		☆ ☆ ☆
___月___日 至 ___月___日	《爸爸的花儿落了 我也不再是小孩子》		☆ ☆ ☆

活动二　阅读记录单

人物关系图：

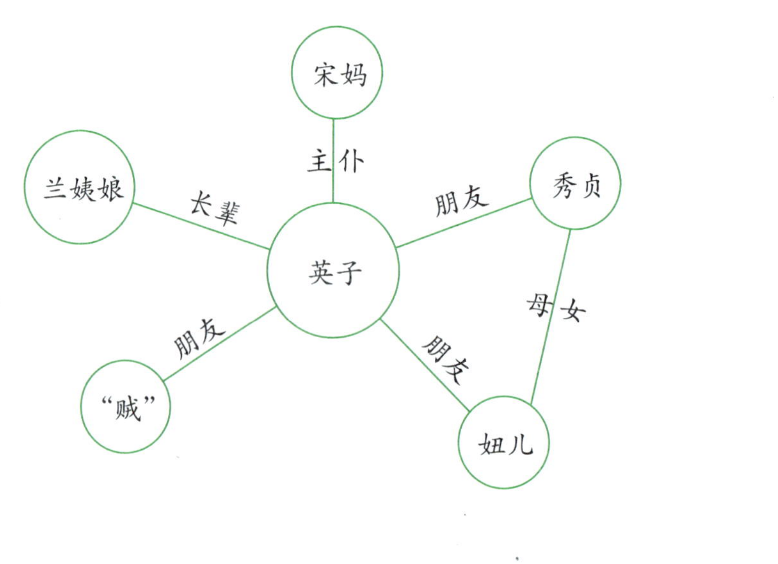

文中还出现了哪些人物，你能继续补充完善这个人物关系图吗？

活动三　梳理内容

1. 序言是故事正式开始之前的介绍。序言一般会说明一些创作背景的细节，以帮助读者能更好地理解这个故事。后记是指写在书籍或文章之后的文字，多用以说明写作经过或评价内容等。有的出版社把《冬阳·童年·骆驼队》这篇文章放在正文之前序言的位置，也有的出版社把这篇文章放在正文之后后记的位置。再读读这一篇文章，你认为应该放在什么位置？说说你的理由。

位置：

理由：________________

____

____

____

____

____

____

____

2. 请你按照时间顺序填充五个故事的名字，并和同伴聊聊故事情节。

惠安馆　（　　　　）　（　　　　）

（　　　　）　（　　　　）

活动四　读懂人物

读完五个故事，哪个人物给你留下的印象最为深刻？可以在中间的框中画一画他（她）的样子，并与同伴分享一下他（她）的故事吧。

名字：

给我印象最深刻的人

性格：

典型事件：

我的评价：

敬 启

为编好这本书，我们与收入本书的作品（含图片）作者进行了广泛联系，得到了各位作者的大力支持。在此，我们表示衷心的感谢。但是，由于个别作者地址不详，虽经多方努力，仍无法取得联系。敬请各位有著作权的作者尽快与我们联系，以便我们支付稿酬，并致谢忱！

我们还要感谢使用本书的师生们。希望你们在使用本书的过程中，能够及时把意见和建议反馈给我们，对此，我们深表谢意，并将给予一定奖励。让我们携起手来，共同完成本书的建设工作。

联 系 人：梁老师　刘老师

联系电话：010-58022100-6362

联系邮箱：ztxx2008@sina.com

网　　址：http://www.ywztxx.com

地　　址：北京市海淀区知春路7号致真大厦A座18层

图书在版编目（CIP）数据

多彩童年 / 崔峦主编. — 上海：上海教育出版社，2021.12

ISBN 978-7-5720-0808-5

Ⅰ. ①多… Ⅱ. ①崔… Ⅲ. ①阅读课—小学—教学参考资料 Ⅳ. ①G624.233

中国版本图书馆CIP数据核字（2021）第260856号

责任编辑 吴廷廷
封面设计 陈丽娟 王艺霖
著作权人 北京华樾教育科技有限公司

多彩童年

崔峦 主编

出版发行 上海教育出版社有限公司
官 网 www.seph.com.cn
地 址 上海市闵行区号景路159弄C座
邮 编 201101
印 刷 肥城新华印刷有限公司
开 本 720×1010 1/16 印张 36
字 数 400千字
版 次 2021年12月第1版
印 次 2021年12月第1次印刷
书 号 ISBN 978-7-5720-0808-5/G·0624
定 价 168.00元（全四册）

如发现质量问题，请向本社调换 021-64373213